Abenteuer & Wissen

Maja Nielsen

Tutanchamun

>>> Das vergessene Königsgrab

Fachliche Beratung: Edgar Bruno Pusch und Michael Höveler-Müller

Gerstenberg 👁 visuell

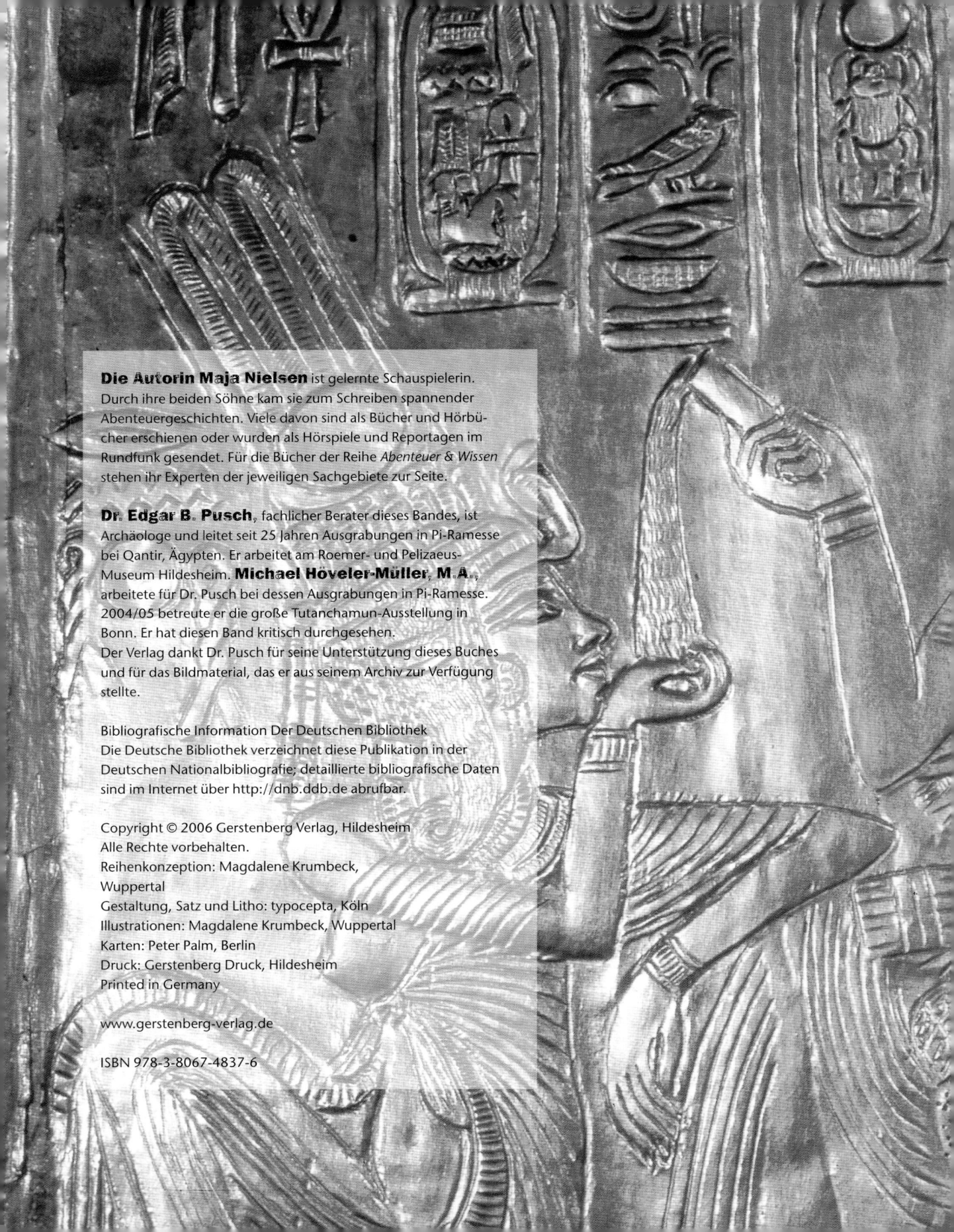

Die Autorin Maja Nielsen ist gelernte Schauspielerin. Durch ihre beiden Söhne kam sie zum Schreiben spannender Abenteuergeschichten. Viele davon sind als Bücher und Hörbücher erschienen oder wurden als Hörspiele und Reportagen im Rundfunk gesendet. Für die Bücher der Reihe *Abenteuer & Wissen* stehen ihr Experten der jeweiligen Sachgebiete zur Seite.

Dr. Edgar B. Pusch, fachlicher Berater dieses Bandes, ist Archäologe und leitet seit 25 Jahren Ausgrabungen in Pi-Ramesse bei Qantir, Ägypten. Er arbeitet am Roemer- und Pelizaeus-Museum Hildesheim. **Michael Höveler-Müller**, M.A., arbeitete für Dr. Pusch bei dessen Ausgrabungen in Pi-Ramesse. 2004/05 betreute er die große Tutanchamun-Ausstellung in Bonn. Er hat diesen Band kritisch durchgesehen.
Der Verlag dankt Dr. Pusch für seine Unterstützung dieses Buches und für das Bildmaterial, das er aus seinem Archiv zur Verfügung stellte.

Bibliografische Information Der Deutschen Bibliothek
Die Deutsche Bibliothek verzeichnet diese Publikation in der Deutschen Nationalbibliografie; detaillierte bibliografische Daten sind im Internet über http://dnb.ddb.de abrufbar.

Reihenkonzeption: Magdalene Krumbeck, Wuppertal
Gestaltung, Satz und Litho: typocepta, Köln
Illustrationen: Magdalene Krumbeck, Wuppertal
Karten: Peter Palm, Berlin
Druck: Gerstenberg Druck, Hildesheim
Printed in Germany

www.gerstenberg-verlag.de

ISBN 978-3-8067-4837-6

Inhalt

Land am Nil

>>> **Ägypten – geheimnisvolles Land** der Wüste. Alles, was es ist und war, verdankt dieses Land im Norden Afrikas dem Nil. In alter Zeit trat der mächtige Strom jedes Jahr im Frühling über die Ufer und überschwemmte die Felder. Die Fruchtbarkeit, die der Nil auf diese Weise spendete, verschaffte den Menschen des Alten Ägypten großen Reichtum und eine blühende Kultur.

Beherrscht wurde das Land 3 000 Jahre lang von Gottkönigen, den Pharaonen. Und Göttern gleich wollten sie unsterblich sein. Nach ihrem Tod wurden sie kunstvoll mumifiziert und mit unvorstellbaren Reichtümern bestattet. Doch ihre Ruhe wurde schon bald gestört: von gewissenlosen Grabräubern mit unstillbarer Gier nach dem Gold der Pharaonen. Als alle Gräber geplündert waren, war mit den Schätzen auch das Wissen um die Vergangenheit verlorengegangen. Unermüdlich versuchten Archäologen, wenigstens noch ein letztes unversehrtes Königsgrab zu finden. Unter ihnen war der Engländer Howard Carter. Seine eiserne Beharrlichkeit wurde belohnt. Nach jahrelanger Suche fand er die Grabkammer des Kindkönigs Tutanchamun versteckt in einem Wüstental. Ein Schatz, wie ihn die Welt noch nicht gesehen hatte, kam ans Tageslicht.

>>> **B**ei archäologischen Arbeiten trifft für gewöhnlich das Gegenteil von dem ein, was man erwartet.
Howard Carter

Der deutsche Archäologe Dr. Edgar B. Pusch war schon als Kind fasziniert von Howard Carters Geschichte und beschloss, wie der Engländer Ausgräber in Ägypten zu werden. Heute ist Dr. Pusch Grabungsleiter in einer einst prachtvollen Stadt im Nildelta: der Stadt, in der Ramses II. lebte, Gott und König, ein machtvoller Herrscher, der fast sieben Jahrzehnte auf dem Thron saß. Pusch träumt den gleichen Traum wie Howard Carter: Er möchte Gegenstände finden, die die Vergangenheit lebendig machen.

In diesem Buch wird die spannende Geschichte von Carters sensationellem Fund erzählt und berichtet, welche Schätze Archäologen wie Dr. Pusch auch heute noch entdecken können.

1

Die Suche

> > > **Das Tal der Könige** ist ein karges Wüstental in der Nähe der Stadt Luxor. Das einsame Tal liegt westlich vom Nil, denn im Westen vermuteten die alten Ägypter das Land der Toten. Zahlreiche ägyptische Herrscher wurden hier bestattet. In ihre Gräber legte man ihnen reiche Schätze, mit denen sich die Pharaonen das Leben im Jenseits angenehm machen sollten. Wegen dieser kostbaren Grabbeigaben suchte man das entlegene Tal als Königsfriedhof aus: Die Pharaonen und ihre Schätze sollten hier besser geschützt sein als in den weithin sichtbaren Pyramiden, die Grabräuber ja geradezu magnetisch anzogen.

Das geheime Versteck hatte nur wenige enge Zugänge, die man gut bewachen konnte. Aber sehr bald stellte sich heraus, dass auch dieser ab-

? Das Tal der Könige

500 Jahre diente das Tal als Königsfriedhof. Fast alle Pharaonen aus der Zeit des Neuen Reiches (1550–1070 v. Chr.) wurden hier bestattet. Schon in alter Zeit verschafften sich Grabräuber Zugang und plünderten die Gräber. Viele Mumien wurden daraufhin in neue Gräber gebracht, manchmal gleich mehrere auf einmal in ein Versteck. Vom 2. bis 7. Jahrhundert n. Chr. meditierten christliche Einsiedler in den offenen Felsengräbern, danach geriet das Tal in Vergessenheit.

Die Gräber im Tal der Könige wurden durchnummeriert. Die Abkürzung KV vor jeder Nummer bedeutet „King's Valley" (Tal der Könige). Das Grab des Tutanchamun trägt die Nummer KV62. Erst 1984 wurde das nächste Grab gefunden. Es bekam die Nummer KV5. Bei vielen Gräbern ist unbekannt, wer dort bestattet wurde.

Ich fürchte, dass im Tal nun nichts mehr zu finden ist.

Theodore Davis, amerikanischer Archäologe

- ■ Wichtige Königsgräber mit Nummern
- □ Andere Grabstätten

Ramses IV. (2)

Merenptah (8)
Ramses II. (7)
Ramses XI. (4)
Ramses VI. (9)
Ramses IX. (6)
Haremhab (57)
Tutanchamun (62)
Amenophis II. (35)
Ramses III. (11)
Sethos I. (17)
Tal der Könige
Siptah (47)
Hatschepsut (20)
Thutmosis I. (38)
Tal der Königinnen
Thutmosis IV. (43)
Sethos II. (15)
Thutmosis III. (34)

Ausgrabungen im Tal

Im 18. Jahrhundert leben im Tal Räuberbanden; Reisende machen einen großen Bogen darum. Mit Napoleons Feldzug nach Ägypten 1798 beginnt eine genaue Vermessung des Tals, und verschiedene Ausgräber versuchen ihr Glück. Was sie finden, betrachten sie als ihren persönlichen Besitz. 1902 erhält der amerikanische Ausgräber Theodore Davis die Erlaubnis, im Tal systematisch zu graben. Er findet 35 Gräber. 1914 geht seine Konzession an Lord Carnarvon über, 1917 beginnt Carter mit der Arbeit. Bisher wurden im Tal der Könige mehr als 60 Gräber gefunden. Selbst heute wird dort noch gegraben.

gelegene Wüstenort nicht sicher war. Nachts drangen Grabräuber im Tal ein. Die Wächter wurden bestochen oder betäubt. Durch geheime Gänge, die sie durch den Fels schlugen, gelangten die Diebe in die Schatzkammern der Pharaonen. Im Schein funzeliger Lämpchen rafften sie in fieberhafter Eile so viel von dem schier unermesslichen Reichtum zusammen, wie sie nur tragen konnten. Schon in alter Zeit wurden die Gräber ausgeplündert und die Mumien verschleppt; frühe Christen, die sich dort versteckten, ließen an den Wänden ihre Symbole zurück. In den leeren Grabkammern hausten bald nur noch Eulen und Scharen von Fledermäusen.

Als der englische Ausgräber Howard Carter 1917 die Genehmigung erhält, im Tal zu graben, rechnet keiner damit, dass er dort noch irgend etwas von Bedeutung finden kann. Keiner außer ihm selbst. Unbeirrbar glaubt der Engländer daran, dass irgendwo unter all dem Schutt und Geröll, das sich im Tal auftürmt, der Eingang zu dem Grab eines in jungen Jahren gestorbenen, eigentlich unbedeutenden Pharao befindet. Er sucht, finanziert durch den reichen englischen Lord Carnarvon, nach dem Grab des Kindkönigs Tutanchamun.

Wer war Tutanchamun? Der König, nach dessen Grab Carter so verzweifelt sucht? Was wissen wir heute über ihn?

Ägypten

Ägypten liegt im Nordosten Afrikas. Das Land ist etwa dreimal so groß wie Deutschland und besteht zu 96 Prozent aus Wüste. Es zählt zu den trockensten und lebensfeindlichsten Gebieten der Welt. Nur entlang des Nils kann Ackerbau und Viehzucht betrieben werden. Der mächtige Strom spendet dem Land Wasser – die Grundlage allen Lebens. Daher sagt man, der Nil sei die Lebensader Ägyptens. Mit 6671 Kilometern ist der Nil der längste Fluss Afrikas. Die jährlichen Überschwemmungen machten das Land im Alten Ägypten überhaupt erst fruchtbar. Der mineralstoffreiche Nilschlamm, der beim Rückgang des Wassers auf den Feldern liegen blieb, wirkte wie Dünger. Die Wassermassen konnten durch ein ausgeklügeltes Kanalsystem gespeichert werden. In moderner Zeit war die alljährliche Überschwemmung des Landes nicht mehr erwünscht. Daher baute man Staudämme wie den Assuan-Hochdamm Sadd al-Ali, der in den Jahren zwischen 1960 und 1970 errichtet wurde. Auch heute noch leben die meisten Ägypter am Nil. Ihre Religion ist der Islam.

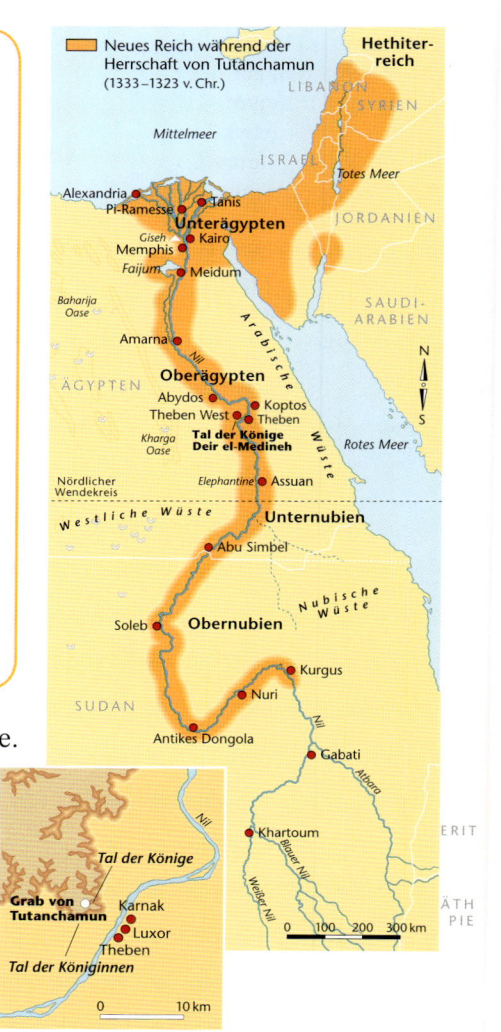

Tutanchamun war der letzte Spross einer mächtigen Familie. Er war mit dem Pharao Echnaton, der vor ihm herrschte, verwandt. Höchstwahrscheinlich war er dessen Sohn. Schon als Kind wurde Tutanchamun verheiratet, mit Anchesanamun, die wahrscheinlich seine Halbschwester war. Echnaton war ihr Vater, seine schöne Frau Nofretete ihre Mutter. Nach Echnatons Tod herrschte für kurze Zeit Semenchkare, über den man fast nichts weiß. Nach dessen Tod wurde der damals neun Jahre alte Prinz Tutanchamun Pharao. Tutanchamun war als Herrscher nur eine Marionette. Die Fäden zogen andere: Tutanchamuns alter Minister Eje und der ehrgeizige General Haremhab führten für ihn die Regierungsgeschäfte. Es waren schwierige Zeiten. Die Bevölkerung war am Rande eines Bürgerkrieges. Echnaton hatte bestimmt, dass alle Götter, an die die Menschen seit alten Zeiten glaubten, verbannt und ihre Tempel geschlossen werden sollten. Nur noch die Sonnenscheibe Aton sollte als Gott verehrt werden. Und nur der Pharao Echnaton hatte eine direkte Verbindung zu Aton. Die Menschen sollten Echnaton anbeten, damit dieser ihre Gebete zu Aton weiterleitete. Die einfachen Leute waren empört. Sie wollten ihre alten Götter wiederhaben. Die waren ihnen lieb und teuer, Helfer in allen Lebenslagen, denen sie mit heiligem Eifer Opfergaben darboten. Die abgesetzten Priester schürten die Proteste der Bevöl-

Wissenschaftler sind sich uneins, ob der Nil oder der Amazonas der längste Fluss der Welt ist. Zwischen seiner Quelle in den Bergen Ruandas und Burundis und seiner Mündung im Mittelmeer durchströmt der Nil sechs afrikanische Staaten: Burundi, Ruanda, Tansania, Uganda, Sudan und Ägypten.

Echnaton und Nofretete waren so etwas wie ein Traumpaar des Alten Ägypten. Er war der mächtigste Mann im Reich, sie, seine Königin, galt als die schönste Frau. Sie ließen sich als Götter verehren. Nofretete ist immer gut an der für sie allein typischen Krone zu erkennen.

kerung nach besten Kräften, denn durch Echnatons Gesetze hatten sie ihre Macht und ihren Wohlstand verloren. Der Pöbel eroberte die Straßen, Plünderungen waren an der Tagesordnung. Das ganze Land war in Aufruhr.

Während Tutanchamuns Regierung wurden die abgeschafften Götter wieder zugelassen, damit sich die aufgebrachte Bevölkerung beruhigte. Es gab wieder die alten religiösen Feste, und die Menschen durften die Götter anbeten, die sie liebten. Der Friede im Land war wieder hergestellt. Der alte Glaube sollte bis zum Aufkommen der christlichen Lehre im 4. Jahrhundert n. Chr. unangefochten fortbestehen. Sehr viel mehr ist über Tutanchamun nicht bekannt. Dass man so wenig über ihn weiß, liegt auch daran, dass nach seinem Tod sein Name, Denkmäler, die ihn darstellten, einfach alles, was mit ihm zusammenhing, ausgelöscht und vernichtet

Eine Statue von Tutanchamun. Als Zeichen seiner göttlichen Macht trägt der Pharao genau wie der Gott Osiris Krummstab und Geißel. Die weiße Krone steht für seine Herrschaft über Oberägypten.

? Steckbrief Tutanchamun

Tutanchamun lebte von etwa 1342 bis 1323 v. Chr. und regierte fast zehn Jahre, von 1333–1323 v. Chr. Größe: 1,67 Meter. Blutgruppe: A2. Schuhgröße: 41 | Geburtsname: Tutanchaton (Lebendes Abbild des Aton). Namenswechsel in Tutanchamun. Als ältere Schreibweise findet man noch oft Tut-ench-Amun (Lebendes Abbild des Amun). Königsname: Neb-Cheperu-Re (Herr der Verwandlungen ist Re). | Eltern: Vermutlich waren der Pharao Echnaton sein Vater und dessen Nebenfrau Kija seine Mutter. Tutanchamun war mit Anchesenamun, vermutlich seine Halbschwester, verheiratet. Sie hatten keine Kinder.

Auf diesem Relief opfert Echnaton dem Sonnengott Aton. Von dem Pharao mit dem ungewöhnlich langen schmalen Kopf und dem langen Hals sind nur wenige Darstellungen erhalten. Er war so verhasst, dass die Menschen seiner Zeit jede Erinnerung an ihn zerstörten.

wurde. Tutanchamun sollte vergessen werden. Warum? Weil er mit Echnaton verwandt war, dem verhassten Pharao, der die alten Götter so mir nichts dir nichts abgeschafft hatte.

Keiner kann sagen, ob Tutanchamun tatsächlich im Tal der Könige bestattet wurde. Nur einige wenige Indizien deuten darauf hin. Das Team des amerikanischen Archäologen Theodore Davies, der vor Carter im Tal Ausgrabungen durchführte, stieß im Jahr 1905 auf

„Das Tal der Königsgräber – schon der Name ist voller Romantik", schwärmte Howard Carter. Seit er als 17-Jähriger zum ersten Mal nach Ägypten kam, träumte er davon, eines Tages dort Ausgrabungen zu leiten.

Steckbrief Howard Carter

Howard Carter wurde 1874 in Kensington, London, als elftes Kind eines Kunstmalers geboren. Schon im Alter von 17 Jahren machte sich der talentierte Zeichner, der sich die Hieroglyphenschrift und Arabisch selbst beibrachte, auf den Weg nach Ägypten, wo er von den führenden Archäologen seiner Zeit zum professionellen Ausgräber ausgebildet wurde. Noch heute zählen seine Zeichnungen zu den besten Dokumentationen, die je angefertigt wurden. 1900 ernannte ihn die ägyptische Regierung zum Chefinspektor der Denkmäler Oberägyptens, 1904 dann der Denkmäler Unterägyptens. Nach einem Streit mit Touristen legte er seinen Posten nieder. Mit Lord Carnarvons finanzieller Unterstützung arbeitete er als Ausgräber in ganz Ägypten und seit 1917 im Tal der Könige. Carter starb am 2. März 1939 in London.

Seit 1914 besaß der reiche Lord Carnarvon die Grabungserlaubnis für das Tal der Könige. Wegen der Wirren des Ersten Weltkrieges konnte Carter aber erst 1917 mit der Arbeit im Tal beginnen.

einen Becher, versehen mit dem Namen Tutanchamuns. Zwei Jahre später fand man Gegenstände, wie sie zur Einbalsamierung benutzt wurden, die zum Teil ebenfalls Tutanchamuns Namen trugen.

Nicht gerade üppig, die Beweislage. Und nach sechs erfolglosen Grabungsjahren, in denen Carter mit einem Heer von Arbeitern buchstäblich jeden Stein im Tal umgedreht hat – man spricht von 200 000 Tonnen durchsiebtem Sand und Geröll – und so gut wie nichts fand, hat dann auch der reiche Lord Carnarvon keine Lust mehr, sein Geld Saison für Saison buchstäblich in den Sand zu setzen. Im Sommer 1922 bittet er den Ausgräber auf sein Schloss Highclere Castle in der Nähe von London und teilt ihm seinen Entschluss mit, die Grabungsarbeiten im Tal der Könige mit sofortiger Wirkung einzustellen. Carter zeigt Verständnis für die Haltung von Carnarvon, aber dann breitet er eine Karte des Tals vor dem Adligen aus und deutet auf eine Stelle vor dem Grab Ramses' VI. Steinerne Hütten stehen da, errichtet 200 Jahre nach dem Tod Tutanchamuns, also vor 3 000 Jahren, für die Arbeiter, die das Grab Ramses' VI. bauten. Carter will die Hütten abreißen lassen und das Erdreich darunter angraben. Das ist die einzige Stelle, die noch ernsthaft als Fund-

 **S**echs ganze Winter hindurch hatten wir gegraben und Jahr für Jahr eine Niete gezogen; wir hatten monatelang gearbeitet und nichts gefunden; wie verzweifelt niederdrückend das sein kann, weiß nur ein Ausgräber.

Howard Carter

Habe endlich wunderbare Entdeckung im Tal gemacht. Ein Grab mit unbeschädigten Siegeln. Bis zu Ihrer Ankunft alles wieder zugeschüttet. Gratuliere. Carter

Telegramm Carters an Lord Carnarvon, das der Lord am 6. November 1922 erhielt

stelle in Frage kommt und die Carter einfach untersuchen muss. Kein Weg führt daran vorbei, erklärt er dem Lord. Notfalls würde er für diese letzte Grabung sein eigenes erspartes Geld einsetzen. Carnarvon, angesteckt von Carters Entschlossenheit, lässt sich schließlich auf eine letzte, eine allerletzte Grabung ein.

Carter beginnt am 3. November 1922 damit, die alten Arbeiterhütten einzureißen. Als er am nächsten Morgen an der Grabungsstätte ankommt, ist es still im Tal. Kein Laut ist zu hören, kein Graben, keine Stimmen. Nur Stille. Carters Herz beginnt zu klopfen. Es muss etwas Außergewöhnliches geschehen sein.

Seine ägyptischen Arbeiter begrüßen ihn mit der Nachricht, dass sie eine in den Felsen gehauene Treppenstufe gefunden haben. Das klingt fast zu schön, um wahr zu sein. Carter mag es erst glauben, als er die Stufe mit eigenen Augen sieht. Unter seiner Anleitung wird nun fieberhaft weitergegraben. Die Arbeiter wühlen sich durch

Schutt und Geröll, und tatsächlich: Sie legen die ersten zwölf Stufen einer Treppe frei, die in die Tiefe führt. Howard Carter hat als Ausgräber schon viele Enttäuschungen erlebt. Genau genommen waren die letzten sechs Jahre eine einzige große Enttäuschung. Was wird ihn nun am Ende der Treppe erwarten?

Bei Sonnenuntergang wird der obere Teil einer verschlossenen, mit Mörtel bestrichenen und versiegelten Tür sichtbar. Eine versiegelte Tür! Mit dem unversehrten Siegel der Königstotenstadt! Das hat bisher noch kein Archäologe im Tal zu sehen bekommen. Überall sonst waren die Grabräuber schneller gewesen und die Siegel daher zerstört. Hier liegt eine sehr hochstehende Persönlichkeit, erkennt Carter an den Siegeln. Doch liegt sie hier tatsächlich noch? Oder sind Grabräuber, wie so oft im Tal der Könige, über einen Tunnel in die Grabkammer gelangt?

Am liebsten würde Carter die Tür aufbrechen und sofort nachsehen, was dahinter ist. Stattdessen lässt er das Grab wieder zuschütten, um es vor Eindringlingen zu schützen. Er muss mit der Öffnung warten, bis Lord Carnarvon aus England in Ägypten eintrifft.

Die Vorkammer

>>> 20 quälend lange Tage dauert die Reise des englischen Lords. Sein Schiff hat zu allem Überfluss auch noch Verspätung. Eine schwere Geduldsprobe für Howard Carter. Dann ist es soweit. Der Lord trifft in Begleitung seiner Tochter Lady Evelyn Herbert in Luxor ein.

Unterschiedlicher als Carter und der sieben Jahre ältere Lord können Menschen kaum sein. Lord Carnarvon verkehrt in den höchsten Gesellschaftskreisen und schwimmt im Geld. Er kann sich die verrücktesten Hobbys leisten. Die Ausgräberei ist nur eines der Dinge, mit denen er sich gern die Zeit vertreibt. Als er merkt, wie mühsam dieses Geschäft ist, lässt er Carter lieber allein in der flim-

Lord Carnarvon und seine Tochter Lady Evelyn Herbert mit Howard Carter vor dem Eingang des Grabes. Noch weiß keiner, ob die beiden adligen Herrschaften die weite Reise aus England nicht umsonst gemacht haben.

Anzug, Hut, Spazierstock: Carter ist auch auf der Grabungsstätte stets korrekt gekleidet.

mernden Hitze graben. Carter dagegen kommt aus ärmlichen Verhältnissen. Die Ausgräberei ist sein einziger Lebensinhalt. Howard Carter war, was man heute einen Workaholic nennt, ein Mensch also, der mit der Arbeit verheiratet ist und sonst keine Vergnügungen kennt. Man muss sich Carter als typischen englischen Gentleman vorstellen. Sorgfältig gekleidet, mit einem dreiteiligen Anzug, Hut und Spazierstock und einem gepflegten Schnauzbart. Eine Familie zu gründen, dafür fehlte ihm immer die Zeit. Alles, was er an Lebenskraft besitzt, hat er seit seinem 17. Lebensjahr in die Ausgräberei gesteckt. Er gilt als eigenbrötlerisch, in sich gekehrt, manchmal auch als kauzig, ausgesprochen korrekt, sehr ernsthaft, zuweilen schwierig im Umgang. Gemeinsam begeben sich die beiden Männer, die trotz aller Gegensätze zu Freunden geworden sind, ins Tal der Könige.

Am 24. November wird die geheimnisvolle Treppe wieder freigelegt. Die Tür mit dem Siegel der Königstotenstadt ist jetzt bis zur Schwelle vom Schutt befreit. Als sie die Tür genau untersuchen, liegen Freude und Besorgnis dicht beieinander. Freude darüber, dass sie das persönliche Siegel des Tutanchamun am unteren Ende der Tür finden. Sechs Jahre haben sie nach ihm gesucht. In flimmernder Hitze, im Staub der Wüste, tagein, tagaus. Besorgnis, weil die Tür aufgebrochen, danach aber neu versiegelt wurde. Und das kann nur eines bedeuten: Grabräuber sind ihnen zuvorgekommen. Die Spuren deuten darauf hin, dass gleich zweimal eingebrochen wurde. Der Umstand, dass das Grab wieder versiegelt wurde, könnte jedoch bedeuten, dass die Diebe nicht alles ausgeraubt haben.

Die Forscher fotografieren die Tür, kopieren die Siegel. Dann wird die erste versiegelte Tür entfernt. Nun gelangen sie in einen Gang, der nach unten führt, 1,60 Meter breit, zwei Meter hoch, vollständig mit Geröll und Steinen angefüllt, vermischt mit Tonscherben, zerbrochenen Alabastergefäßen, kaputten Siegeln und weiteren Dingen, die sie zunächst nicht zuordnen können. Schnell ist Carter klar: Die Grabräuber sind tatsächlich durch einen Tunnel hier eingedrungen. Die zerbrochenen Gegenstände sind deutliche Zeichen

 ## Grabräuber

In alle bekannten Gräber im Tal der Könige wurde eingebrochen. Die Diebe wurden hart bestraft, wenn man sie erwischte. Zu zweifelhafter Berühmtheit kam die Familie Abd-el-Rasul, die schon seit vielen Generationen der Grabräuberei nachging. 1875 entdeckte sie in einer Felsspalte bei Deir el Bahari mehr als 40 Sarkophage mit Königsmumien, die man hier 3 000 Jahre zuvor „zwischengelagert" hatte, nachdem ihre Gräber geplündert worden waren. Um kein Aufsehen zu erregen, verkaufte die Familie die Mumien nach und nach, immer dann, wenn sie gerade Geld brauchte. Zu guter Letzt kam man ihnen aber doch auf die Spur und konnte so die noch übrigen Königsmumien berühmter Herrscher dem Museum in Kairo zuführen.

Die Siegel der Königs-
totenstadt finden sich
auch an den Sarkophagen
der Pharaonen wieder.

einer Plünderung, die vor mehr als 3 000 Jahren stattgefunden haben muss. Die Wächter der Königstotenstadt haben danach den Gang mit Schutt gefüllt, um jeden Zugang zu erschweren. Verzweifelt langsam, um die Fundstücke im Geröll nicht zu zerstören, wird der Gang freigelegt. Am Ende des Ganges befindet sich eine zweite Tür. Auch sie ist versiegelt.

Der entscheidende Augenblick ist gekommen. Mit zitternden Händen macht Carter eine kleine Öffnung in die linke obere Ecke dieser Tür, führt eine Kerze hindurch und späht hinein. Zuerst kann er nichts sehen, da die aus der Kammer entweichende Luft die Kerze zum Flackern bringt. Dann gewöhnen sich seine Augen an das Licht. Einzelheiten tauchen aus dem Nebel auf: seltsame Tiere, Statuen und Gold – überall glänzendes, schimmerndes Gold! Vor Verwunderung bringt Carter keinen Ton heraus. Schließlich erträgt Lord Carnarvon die Ungewissheit nicht länger. „Können Sie etwas sehen?", fragt er behutsam. Alles, was Carter herausbringen kann, ist: „Ja, wunderbare Dinge!"

Mit einer Taschenlampe leuchten sie in ein unvorstellbares Durcheinander von wertvollen Schätzen, in scheinbar endlosem Überfluss aufeinandergehäuft. Die Lampe zaubert die glänzenden, goldenen Oberflächen von Tierungeheuern aus der Dunkelheit hervor. Mischwesen, halb Krokodil, halb Nilpferd. Scharfe Zähne blitzen in weit geöffneten Mäulern, die Zungen sind aus Elfenbein.

 Die Siegel

In den noch weichen Mörtel der Eingangstür wurden von den Beamten, die für die Königstotenstadt zuständig waren, zwei Siegel gedrückt. Das eine gab Auskunft darüber, um wessen Grab es sich handelt, und das andere darüber, wer es versiegelt hat. Das Siegel der Beamten der Königstotenstadt zeigt einen Schakal und neun gefesselte Gefangene.

Diese Ungeheuer, stellt sich heraus, sind prachtvoll geschnitzte Götter in Tiergestalt. Sie zieren die Seitenteile von Betten. Das Licht der Lampe flackert über Kisten, Kästen, Truhen und Vasen, goldene Leuchter, Pokale aus durchsichtigem Alabaster, herrlich verzierte Stäbe, einen mit Pfeilen gefüllten Köcher, dazu mehrere Bogen des Pharao, seinen goldenen Thronsessel, Statuen, Streitwagen aus Gold und über noch viele weitere ungewöhnliche Gegenstände, deren Funktion Carter teilweise nur erraten kann. Die Grabräuber haben in der überfüllten Kammer alles durchwühlt und durcheinandergeworfen, vieles zerbrochen und zerstört. Offensichtlich waren sie auf kleine Gegenstände aus, auf Schmuck, wertvolle Salben und Öle, die sie blitzschnell in Tücher binden und leicht abtransportieren konnten.

Howard Carter ist überwältigt. Doch eine Frage drängt ihn immer mehr: Wo ist die Mumie? Der Sarg mit der Mumie? War diese Kammer nur ein Versteck? Keine Grabkammer? Das Licht der Taschenlampe tanzt suchend durch den Raum. Zwei schwarze Standbilder erregen Carters Aufmerksamkeit. Lebensgroße Statuen. Mit goldenem Lendenschurz, goldenen Schuhen, mit Keule und Stab und einem goldenen Kopftuch, das von einer Schlange gekrönt ist.

Die überfüllte Vorkammer. Im Grab Tutanchamuns befanden sich insgesamt sechs Wagen, darunter Prunkwagen, Wagen für die Jagd und Streitwagen.

Wie Wachen stehen sich die Statuen gegenüber. Achtung gebietend. Zwischen ihnen: wieder eine versiegelte Tür. Die Sargkammer? Ruht hinter dieser Tür der Pharao in seiner ganzen Totenausstattung?

In dieser Nacht findet Carter so gut wie keinen Schlaf. In seinem Kopf dreht sich alles. In seiner Phantasie sieht er eine ganze Reihe von Kammern gleich der, die er gesehen hat. Sie führen zu einer prächtigen Sargkammer, stellt er sich in leuchtenden Farben vor, in der Tutanchamun unversehrt ruht. So erhalten, wie man ihn vor 3 000 Jahren bestattet hat. Das käme einem Wunder gleich. Aber die Grabräuber! Was mögen sie angerichtet haben? Unruhig wirft er sich auf seinem Lager hin und her. Was, wenn sie den Toten gefleddert haben? Was, wenn hinter der Tür nichts ist? Gar nichts? Zumindest – kein Pharao?

Im Tal der Könige liegt bereits eine Stromleitung. Am nächsten Morgen legen die Ausgräber elektrisches Licht in die Kammer, die seit der Entdeckung der dritten Tür nur noch als „Vorkammer" bezeichnet wird. Als sie die Schätze im Licht der Scheinwerfer sehen, geraten Carter und Lord Carnarvon in eine Art Rausch, in einen Taumel. In fassungslosem Staunen wandern sie durch die Kammer. Sie sehen eine Kunst von größerer Schönheit, weit höher entwickelt, als man es je für möglich gehalten hätte. Bilder voller Kraft und Lebendigkeit. Jedes einzelne Stück ist eine Sensation, wäre reicher Lohn eines ganzen langen Grabungswinters. Die Anhäufung der Kostbarkeiten ist für Carter fast nicht zu verkraften.

Dann nehmen sie die geheimnisvolle dritte Tür näher in Augenschein, und dort erwartet sie eine herbe Enttäuschung. Dicht über dem Boden ist eine Öffnung, weit genug, einen Knaben oder schlanken Mann hindurchzulassen. Das Loch ist später wieder ausgefüllt und versiegelt worden. Verdammt, auch hier sind ihnen die Diebe zuvorgekommen!

Am liebsten würde Carter natürlich einfach die Tür zur Grabkammer einreißen und nachsehen, in welchem Zustand die Mumie des Tutanchamun ist. Aber dann würde er die Gegenstände in der Vorkammer

Der Thron des Tutanchamun. „Ich zögere nicht, zu versichern, dass dieser das schönste Stück ist, dass ich jemals das Vergnügen hatte, in Ägypten zu bewundern", schwärmte Carter. Der Thron ist mit Löwenfüßen und Löwenköpfen geschmückt. Geflügelte und gekrönte Schlangen formen die Armlehnen. Die Rückenlehne zeigt ein wunderschönes Bild des Herrscherpaares.

Die Sache überstieg alle Erfahrung, und für den Augenblick schien es, dass mehr zu tun wäre, als Menschenkraft fertigbringen konnte.
Howard Carter

? Labor im Königsgrab

Als Laboratorium und Zwischenlager diente das Grab Sethos' II. am Ende des Tals. Hier wurden alle Fundstücke gereinigt, vermessen, genau beschrieben und zu jedem Fundstück eine eigene Karteikarte angelegt. Auf den Karteikarten finden sich

- die Maße des Gegenstands, eine maßstabgerechte Zeichnung und eine Beschreibung
- die Aufzeichnung aller Inschriften
- die Beschreibung des Konservierungsverfahrens
- ein Foto, das die genaue Lage des Gegenstandes im Grab wiedergibt
- mehrere Bilder, die den einzelnen Gegenstand darstellen
- bei Kästen: mehrere Bilder, die das Ausräumen in den verschiedenen Stadien zeigen

beschädigen. Er darf die Sachen zunächst nicht einmal anrühren und auf keinen Fall aus dem Weg räumen. Denn vieles, zum Beispiel die Blumensträuße, die man dem Toten vor 3 200 Jahren als letzten Gruß ins Grab gelegt hat, würde sofort zu Staub zerfallen.

Zunächst muss ein sorgfältiger Plan gezeichnet werden. Alles muss vermessen, nummeriert und fotografiert werden, um genau festzuhalten, wo jeder einzelne Gegenstand zum Zeitpunkt der Graböffnung liegt. Nur so können Wissenschaftler später folgerichtige Rückschlüsse ziehen. Howard Carters Aufgaben darüber hinaus: ein Verzeichnis aller Gegenstände erstellen, jeden Gegenstand auf Millimeterpapier ganz genau zeichnen und sein Aussehen, die Form, die Größe, die Farbe, das Material und den Zustand genauestens beschreiben. Sein zeichnerisches Talent kommt ihm dabei sehr zugute. Außerdem muss er ein Laboratorium einrichten, wo die Gegenstände, die gefährdet sind, von einem erfahrenen Chemiker haltbar gemacht werden und alle Fundstücke gereinigt werden können. Danach werden sie, wenn möglich, restauriert und sorgfältig verpackt, und schließlich muss Carter ihren Abtransport nach Kairo auf einem Schiff über den Nil überwachen. Erst wenn das alles erledigt ist, erst dann wird Carter die Grabkammer betreten können und erfahren, ob die Grabräuber die Ruhe des toten Pharao gestört haben.

Während Carter die Fülle der Gegenstände in der Vorkammer betrachtet und ihm langsam bewusst wird, wie viel Arbeit da vor ihm liegt, macht er unter den Betten mit den merkwürdigen Tierköpfen schon wieder eine neue, spannende Entdeckung: Ein Loch ist in der Wand. Als er genauer hinsieht, entdeckt er eine weitere versiegelte Tür. Vorsichtig kriecht Carter unter das Bett und hält seine Lampe durch das Loch. Die Kammer, in die er da blickt und die fortan als „Seitenkammer" bezeichnet wird, ist

Diese beiden Wächterfiguren stellen Tutanchamun in Lebensgröße dar. Sie stehen vor der Tür der Sargkammer. Im Hintergrund der äußere der vier goldenen Schreine, die den Sarg des Pharao schützen.

Die Rückenlehne des Thrones. Die Darstellung zeigt, wie Anchesenamun ihren Mann Tutanchamun mit Parfümölen salbt.

kleiner als die Vorkammer, aber randvoll, ja geradezu überfüllt mit Kostbarkeiten. Noch voller als die Vorkammer. Elfenbein, Gold, Alabaster, Kunstgegenstände ohne Ende, und alles in einem heillosen Durcheinander. Die Diebe haben hier sogar noch größeren Schaden angerichtet als in der Vorkammer. Nicht der kleinste Fleck auf dem Boden ist frei. Jeder einzelne Kasten wurde ausgekippt. Ein Erdbeben hätte keinen größeren Schaden anrichten können. Diese Seitenkammer wirkt fast ernüchternd auf den Ausgräber. Eine gewaltige Aufgabe liegt vor ihm.

Carter beschließt, die Seitenkammer erst einmal links liegen zu lassen. Er konzentriert sich in den nächsten Monaten ganz auf die Vorkammer, damit der Weg in die nächste Kammer frei wird. Ein Team aus Spezialisten hilft ihm, diese gigantische Aufgabe zu bewältigen. Der Fotograf Harry Burton, die Zeichner Hall und Hau-

Die Spur der Diebe

Carter findet in der Vorkammer Ringe, eingeknotet in ein Tuch des Königs, ein unermesslich kostbares Bündel. Die Diebe ließen es so zurück. Außerdem übersahen sie viele weitere wertvolle Schmuckstücke. Carter schließt daraus, dass die Diebe in großer Eile vorgingen, überstürzt fliehen mussten oder vielleicht sogar mit einem Teil der Beute erwischt wurden. Außer auf Schmuck waren die Diebe noch auf kostbare Öle und duftende Salben aus, die damals so teuer wie Gold gehandelt wurden.

22

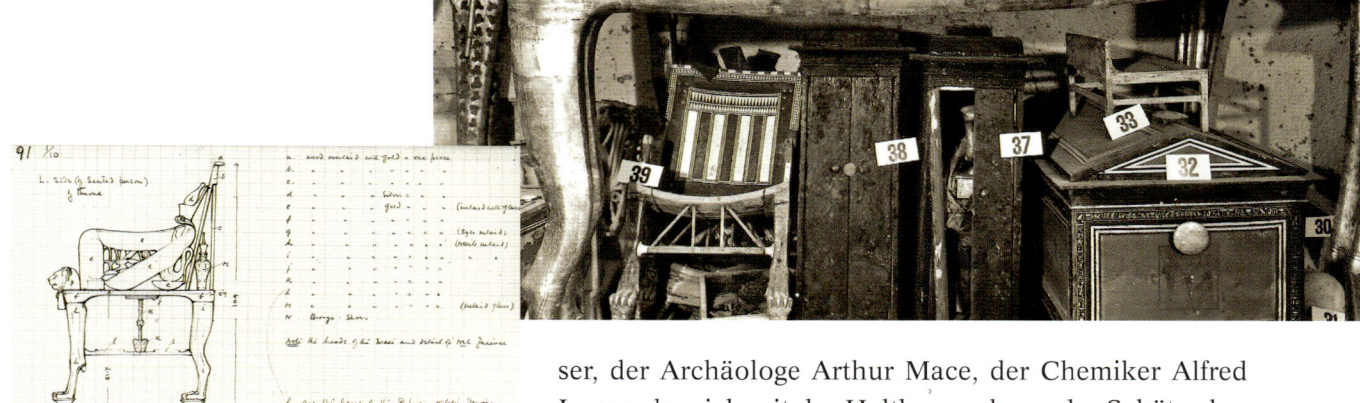

Der goldene Thron. Carter hat von ihm eine genaue Beschreibung und eine Skizze auf Millimeterpapier angefertigt.

Rechts: Jeder Gegenstand im Grab wurde von Carters Team mit einem nummerierten Kärtchen versehen und an Ort und Stelle fotografiert.

ser, der Archäologe Arthur Mace, der Chemiker Alfred Lucas, der sich mit der Haltbarmachung der Schätze befasst, der Wissenschaftler Dr. Alan Gardiner, der sich mit Inschriften auskennt, und Professor James Breasted, der über die Siegel an den Türen gut Bescheid weiß.

Um nur ein Aufgabenfeld zu nennen, womit Carter sich in den nächsten Wochen beschäftigt: die Streitwagen. Sie sind von oben bis unten mit Gold bedeckt, von dem jeder Zentimeter entweder mit eingehämmerten Mustern und Darstellungen oder mit eingelegten Bildern aus farbigem Glas und Steinen verziert ist. Sie waren schon in Teile zerlegt ins Grab gebracht worden – die Achsen zersägt, die Räder abmontiert –, da sie als Ganzes nicht durch die Eingangstüren gepasst hätten. Die Plünderer waren sehr ruppig mit den leichten Wagenteilen umgegangen. Waren bei ihrem Einbruch über sie hinweingspaziert und hatten alles durcheinandergeworfen. Bis Carter alle zerbrochenen Einzelteile, die im ganzen Raum verstreut sind, eingesammelt, sie gezeichnet, die Konstruktion des Wagens und die Position der einzelnen Teile erkannt und schlussendlich alles zusammengesetzt hat, werden Jahre vergehen.

Heute können die Streitwagen in ihrer ganzen Pracht in mehreren Vitrinen im Museum in Kairo besichtigt werden. Carter ließ nicht locker, bis auch der letzte Knauf an der richtigen Stelle saß. Und das ist für moderne Wissenschaftler von großem Wert. Warum das so ist, davon handelt das nächste Kapitel.

> **Wir waren in der glücklichen Lage, die bedeutendste Sammlung ägyptischer Altertümer aufzufinden, die jemals das Licht erblickte. Jetzt mussten wir uns dieses Vertrauens wert zeigen.**
> Howard Carter

3  Champignons?

▶ ▶ ▶ Dr. Edgar Pusch ist genau wie Howard Carter Archäologe in Ägypten. Seit 25 Jahren gräbt er mit seinem Team eine antike Stadt im Nildelta aus: die Stadt Pi-Ramesse, die Hauptstadt der Ramessiden – eine bedeutende Pharaonendynastie. Im 13. Jahrhundert v. Chr. regierte hier der berühmte ägyptische König Ramses II.

Pi-Ramesse liegt etwa 100 Kilometer nordöstlich von Kairo, in unmittelbarer Nähe der Stadt Qantir. Sie ist ebenso groß wie Hildesheim, die Stadt, in der Dr. Pusch wohnt, wenn er sich in Deutschland aufhält: etwa 30 Quadratkilometer. Heute liegt die alte Ramses-Stadt unter Feldern begraben, auf denen Landwirtschaft betrieben wird. Baumwolle und Mais, so weit das Auge reicht.

Pi-Ramesse diente als Steinbruch für die Bauten späterer Generationen. Die Obelisken im Vordergrund in der antiken Stadt Tanis stammen aus der Hauptstadt von Ramses II.

? Steckbrief Edgar Pusch

Edgar Bruno Pusch wurde am 9. Oktober 1946 in Düsseldorf geboren. Einige Stationen seiner Ausbildung und Tätigkeit: Ab 1969 Studium der Archäologie und Ägyptologie an der Rheinischen Friedrich-Wilhelms-Universität, Bonn I 1976 Doktorarbeit über das altägyptische Senet-Brettspiel I Sprachen: Englisch, Arabisch, Französisch, Verständnis von verschiedenen alten Sprachen und Schriften des Vorderen Orients I Seit 1969 Grabungen in Deutschland und Ägypten (Düsseldorf, Assuan, Luxor, Saqqara und Qantir) I Seit 1980 Grabungsleiter in der Ramses-Stadt bei Qantir I Mitarbeiter im Roemer- und Pelizaeus-Museum, Hildesheim I Dr. Pusch schreibt neben wissenschaftlichen Werken über seine Forschung in der Ramses-Stadt auch Kinderbücher, darunter *Der kleine Gilgamesch. Ein archäologisches Kinderbuch.*

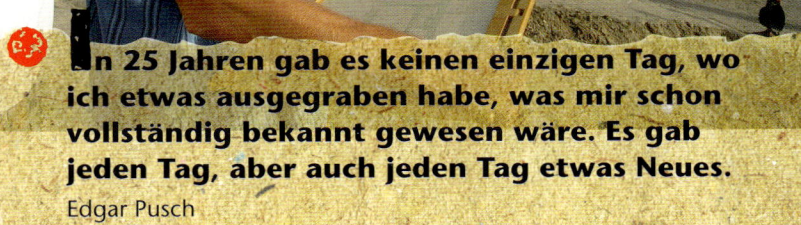

Kein Tag vergeht ohne neue Rätsel und neue Fragen – Dr. Pusch tauscht sich ständig mit seinen Mitarbeitern aus.

In 25 Jahren gab es keinen einzigen Tag, wo ich etwas ausgegraben habe, was mir schon vollständig bekannt gewesen wäre. Es gab jeden Tag, aber auch jeden Tag etwas Neues.
Edgar Pusch

Zu Ehren von Ramses II. wurden viele Kolossalstatuen errichtet. Von dieser ist nur noch ein Stück vom Fuß übrig geblieben. Manchmal erfährt Pusch von Bauern, wenn sie auf ihren Feldern ein solch interessantes Fundstück entdecken.

Wie Carter versucht auch Pusch herauszufinden, wie die Menschen vor tausenden von Jahren in Ägypten gelebt, gefühlt und gedacht haben. Carter erforschte das Leben der Pharaonen, Pusch, der ja eine Stadt ausgräbt, das Leben aller Menschen, die in dieser Stadt zu Hause waren. Das Leben der einfachen Leute genauso wie das Leben des Pharao.

Puschs und Carters Fundstücke sind höchst unterschiedlich. Eigentlich findet Dr. Pusch nur kaputte Dinge, antiken Müll, könnte man auch sagen. Lauter Sachen, die die Menschen vor tausenden von Jahren in Abfallgruben geworfen haben: zerbrochene Gefäße, Holz, Kohle, zerrissene Perlenketten, auch mal ein Schriftstück, das nicht mehr gebraucht wurde. Das meiste, was Dr. Pusch bei seinen Grabungen also zu Tage fördert, ist nur noch bruchstückhaft vorhanden. Das kann auch mal der abgebrochene Fuß eines einst haushohen Pharaonenstandbildes sein. Pusch muss oft wie ein Detektiv mit viel Phantasie herausfinden, was er vor sich hat.

Eines Tages stößt Dr. Pusch acht Meter unter der Erde auf Gegenstände, die wie Champignons aussehen, merkwürdige Dinger aus Marmor und aus Kalzit. Was könnte das bloß mal gewesen sein? Wenn er wüsste, wozu diese Knöpfe benutzt wurden, dann könnte er bestimmen, was das Gebäude und der große Platz, den er gerade ausgräbt, vor 3 500 Jahren waren. Ein Palast? Oder ein Krankenhaus? Oder etwas ganz anderes?

Die Eingangshalle des Ägyptischen Museums in Kairo. Die Zeichnung unten zeigt Puschs „Champignons". Ihre richtige Bezeichnung ist Jochgabelknöpfe.

Im Laufe der Jahre hat Dr. Pusch 400 von diesen merkwürdigen Knöpfen gefunden. Monatelang zerbricht er sich den Kopf, was für eine Funktion sie wohl hatten. Dem leidenschaftlichen Ausgräber lässt es keine Ruhe, dass er nicht herausbekommt, wozu diese Knöpfe benutzt wurden. Und da geht er in das Museum in Kairo, in dem die Schätze des Tutanchamun ausgestellt sind. Vielleicht findet er dort eine Antwort. Dr. Puschs Augen leuchten, wenn er von der Ausstellung erzählt, die Howard Carters Fund zeigt.

Unzählige Male ist er durch das Museum gegangen, und jedes Mal ist er aufs Neue begeistert, sieht eine Welt auferstehen, die es nicht mehr gibt. So als würde er durch ein Fenster in die Vergangenheit schauen. Er schlendert durch die Räume, kommt an den Vitrinen mit Tutanchamuns Streitwagen vorbei – und plötzlich bleibt er wie angewurzelt stehen.

Dr. Pusch entdeckt seine Champignons aus Marmor als Knäufe an Tutanchamuns Streitwagen wieder. Genauere Untersuchungen folgen, Pusch sieht sich die Zeichnungen an, die Carter von den Streitwagen gemacht hat, und ist sich zum Schluss ganz sicher: Er hat Knäufe von Streitwagen gefunden. Seine „Champignons" hatten eine wichtige Funktion an der Jochgabel des Wagens. Damit kann er nachweisen, dass es in der Ramses-Stadt eine Streitwagengarnison gab, einen Exerzierplatz, auf dem Streitwagen trainiert haben. In Pi-Ramesse müssen einst viele Soldaten stationiert gewesen sein. Ein Glück, dass Howard Carter die Streitwagen mit so viel Mühe und Sorgfalt wiederhergestellt hat! Sonst hätte Dr. Pusch diese Schlussfolgerung wahrscheinlich niemals ziehen können.

Das Museum in Kairo

Alle Schätze aus dem Grab des Tutanchamun sind im Ägyptischen Museum in Kairo untergebracht. Der Pharao selbst ruht in seinem Grab im Tal der Könige. Jahr für Jahr besuchen tausende Touristen sowohl das Grab als auch das Museum. Für Ägypten hat der Pharao als Toter wahrscheinlich mehr erreicht als während seiner Regierungszeit.

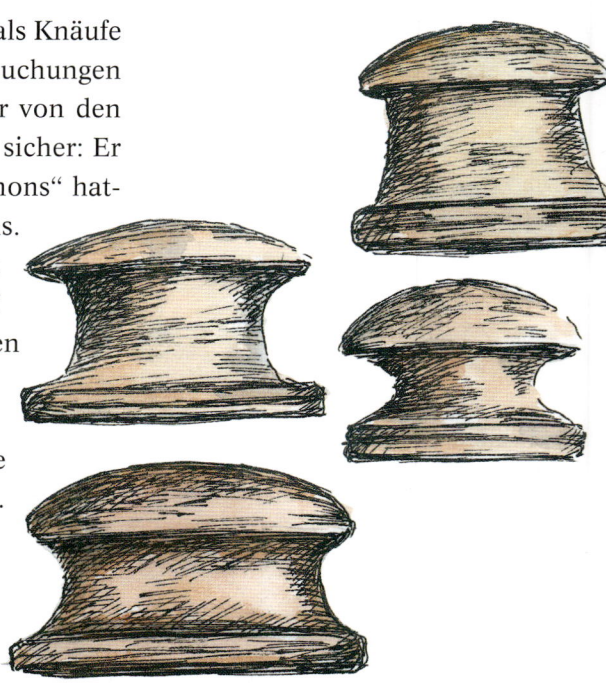

❓ Nichts als Müll?

Archäologen stoßen fast überall in alten Städten auf Müll, weil es in früheren Zeiten ja keine Müllabfuhr gab. Was man loswerden wollte, wurde achtlos auf die Straße oder in Abfallgruben geworfen. In den Straßen und Gassen türmte sich der Abfall, und die Städte wuchsen buchstäblich auf ihrem eigenen Mist in die Höhe. Der Abfall wurde mit Erde bedeckt und Schicht um Schicht festgetreten. Archäologen finden in den verschiedenen Schichten höchst unterschiedliche Gebäude oder Gegenstände. Warum das so ist, wird anhand eines modernen Beispiels deutlich: Die Flughäfen von New York wurden auf Abfallhalden errichtet. Man kann sich vorstellen, wie viel Spaß die Forscher in 3 000 Jahren damit haben werden, wenn sie dort Ausgrabungen machen.

Rechts: Grabungsarbeiter legen den Untergrund eines Fußbodens frei.

Dr. Puschs Team ist sehr viel größer als das von Howard Carter. In Spitzenzeiten arbeiten in Qantir 250 Menschen. Bis zu 200 Leute kann allein schon die Gruppe der ägyptischen Mitarbeiter groß sein, die als so genannte Hacker das Graben übernehmen. Ägyptische Frauen transportieren den Schutt in Körben, die sie auf ihren Köpfen balancieren, ab. Zum engeren Kreis von Puschs Team gehören Fotografen, Zeichner, Vermessungsfachleute und Ägyptologen. Und je nach Fundstück werden Spezialisten aus aller Welt hinzugezogen. Es ist ein internationales Team, das da im Nil-Delta zusammenkommt. Genau wie Howard Carter muss Dr. Pusch zunächst nach einer geeigneten Grabungsstätte suchen. Manchmal erzählen ihm Bauern, wenn sie ein interessantes Fundstück auf ihren Feldern entdeckt haben. Früher ging Dr. Pusch während der Grabungssaison regelmäßig selbst über die Felder. Wenn er dabei irgendwo alte Scherben entdeckte oder Steine, die vielleicht mal Säulen gewesen sein könnten, dann machte er an dieser Stelle eine Testgrabung. Dr. Pusch konnte Glück haben, und unter der Oberfläche kam tatsächlich etwas Interessantes zum Vorschein. Er konnte aber auch genauso gut, wie Howard Carter es ausdrückt, eine Niete ziehen, und unter der Erde war nur noch mehr Erde.

Seit 1996 hat sich die Arbeit von Dr. Pusch sehr stark verändert. Das liegt an Vermessungs-

Oben: In Ägypten werden viele Lasten auf dem Kopf transportiert. Die Frauen tragen die für Unterägypten typische Kleidung unverheirateter Frauen. Ein Vorarbeiter organisiert den Arbeitsablauf.

fachleuten und an einem Gerät, das ursprünglich zum Aufspüren von Bodenschätzen entwickelt wurde: einem Cäsiummagnetometer. Dieses Magnetometer wird von einem Vermessungsspezialisten in einer Höhe von 20 Zentimetern über den Boden gehalten. Der Spezialist wandert dann wie ein Bauer, der sein Feld pflügt, über das Gelände hin und her und her und hin, um Veränderungen im Untergrund aufzuspüren.

Das Magnetometer erkennt dabei Bauten, die mehrere Meter unter der Erdoberfläche verborgen sind, und kann ihre genaue Form und ihre Größe auf einem Computerbildschirm sichtbar machen. Das Bild, das dabei entsteht, sieht so ähnlich aus wie ein Röntgenbild. Man kann darauf erkennen, wo unter der Erde Mauern sind. Handelt es sich um ein Haus, dann kann Dr. Pusch, ohne auch nur einen einzigen Spatenstich zu tun, erkennen, wo in diesem Haus die Zimmer waren, ob es Einlassungen im Mauerwerk gibt, in denen einst Betten standen, wo sich die Küche des Hauses befand – das kann man an der Herdstelle erkennen –, und wo die Vorratskammer. Er kann sogar sagen, wo draußen im Garten die einzelnen Blumenbeete angelegt waren.

Die exakte Lage der aufgespürten Bauten unter der Erde wird mithilfe eines GPS festgestellt. Auch Luftbilder werden dabei zu Rate gezogen. Nun weiß Dr. Pusch oft schon haargenau, was ihn unter der Erde erwartet, wenn er mit dem Graben beginnt. Ausgrabungen sind dadurch kostensparender, schneller und umweltschonender geworden. Fundstellen zu erkennen ist also heute leichter als zu Carters Zeiten.

Dennoch geben die modernen Methoden nur ein unvollkommenes Bild von dem, was in der Erde verborgen ist. Vor allem Stücke aus jüngerer Zeit, die sich nahe an der Oberfläche befinden, sind kaum erkennbar. Der Ausgräber muss also neben vielen an-

? Cäsium-magnetometer

Cäsiummagnetometer gewähren heute einen genauen Blick in die oberste, etwa ein bis zwei Meter starke Bodenschicht. Und das ohne einen einzigen Spatenstich! Von der heute unter der Erdoberfläche liegenden Stadt Pi-Ramesse konnte man mithilfe eines Cäsiummagnetometers einen Stadtplan erstellen. Das Cäsiummagnetometer reagiert auf Veränderungen des Bodens unter der Oberfläche. Bei der Entstehung der verschiedenen Bodenschichten lagern sich die magnetischen Mineralien überwiegend in ähnlicher Richtung ab, nämlich entsprechend dem Magnetfeld der Erde. Dieses Magnetfeld ist eine der Erde innewohnende physikalische Kraft. Dort, wo der Mensch durch Baumaßnahmen in die Natur eingreift, verändert sich die Bodenbeschaffenheit. Die magnetischen Mineralien liegen an dieser Stelle anders, als es das Magnetfeld der Erde vorgeben würde. Diese Veränderungen kann man auf dem Computerbildschirm sichtbar machen.

Der Vermessungsspezialist Dr. Helmut Becker bei der Arbeit mit dem Cäsiummagnetometer. Noch in den 1970er Jahren musste man die Geräte, die Becker trägt, in einem Kleintransporter unterbringen. Moderne Geräte sind handlicher.

Das Land, auf dem gegraben wird, gehört Bauern. Schon nach wenigen Tagen wird die Grabungsstätte wieder zugeschüttet werden. Bald schon wird hier wieder Mais oder Gerste wachsen.

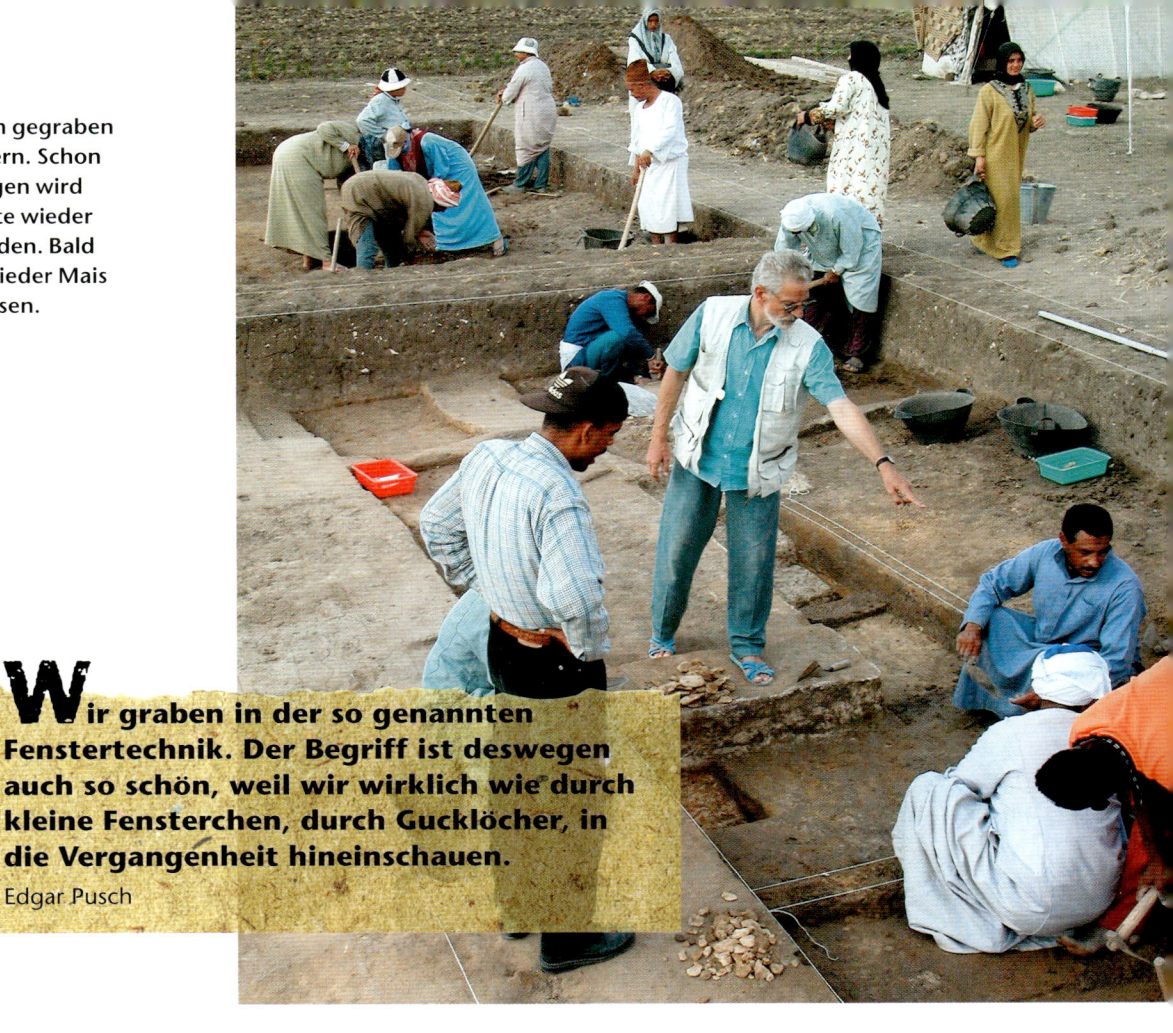

Wir graben in der so genannten Fenstertechnik. Der Begriff ist deswegen auch so schön, weil wir wirklich wie durch kleine Fensterchen, durch Gucklöcher, in die Vergangenheit hineinschauen.

Edgar Pusch

Luftbildarchäologie

Die Luftbildarchäologie bietet neben dem Magnetometer eine weitere Möglichkeit, Fundstellen zu entdecken. Aus dem Flugzeug werden Bilder von der Landschaft geschossen. Auf den Fotos kann man gut erkennen, wo unter der Erde Mauern sind, denn über alten Mauern erhalten Pflanzen weniger Wasser. Sie wachsen weniger üppig oder haben eine andere Färbung als die Pflanzen über unbebautem Boden. Auch Unebenheiten des Bodens, aufgeworfen durch ehemalige Siedlungen, sind auf Luftbildern gut erkennbar. Außerdem geben auf Luftbildern sichtbare Eingriffe in die Landschaft, wie zum Beispiel alte Bewässerungskanäle, Hinweise auf mögliche Fundstellen.

deren Hinweisen auch seiner inneren Stimme Beachtung schenken und da graben, wo er im Vorfeld nicht sicher sein kann, tatsächlich einen Fund zu machen.

Nehmen wir an, Dr. Pusch hat eine geeignete Fundstelle ausgemacht. Wie geht es nun weiter?

Pusch und sein Team messen zehn mal zehn Meter große Flächen ab. In diesen Feldern buddeln sie auf der Suche nach Fundstücken nun nicht einfach drauflos, sondern sie legen systematisch Schicht um Schicht frei.

Wenn dabei Objekte gefunden werden, dann muss das Team ganz genau notieren, fotografieren, vermessen und zeichnen, in welcher Schicht der Fund gemacht wurde, denn sonst haben die Objekte für die Archäologie keinen Wert mehr. Ein

Wie bei einem gigantischen Puzzle müssen die Scherben zusammengesetzt werden. „Scherben-Klinik" nennt das Team diesen Arbeitsplatz.

Beispiel: Das meiste, was Dr. Pusch findet, sind Scherben. Diese Scherben können eine Menge über die Vergangenheit erzählen. Einmal findet er ein kaputtes Gefäß, auf dem ein Dromedar eingeritzt ist. Weil Dr. Pusch weiß, in welcher Schicht er es fand, kann er sagen, dass es aus der Zeit Ramses' II. stammt. Die Scherben des Gefäßes bestehen aus gebranntem Nil-Ton. Also kann Dr. Pusch sagen, dass das Gefäß in der Ramses-Stadt hergestellt wurde und nicht, was auch möglich wäre, aus anderen Städten oder Ländern eingeführt wurde. Bei einer genaueren Untersuchung des Gefäßes bekommt Dr. Pusch eine Vorstellung, auf welche Art und Weise man zur Zeit Ramses' II. Töpferwaren hergestellt hat: Die Dromedarschale wurde unter drehenden Bewegungen in einer Mulde im Fußboden geformt. Zu der Zeit, als das Gefäß entstand, waren Dromedare in Ägypten noch nicht beheimatet. Durch frühere Grabungen weiß Pusch, dass in der Ramses-Stadt viele Gastarbeiter aus anderen Ländern beschäftigt waren. Womöglich hat einer von ihnen das Gefäß hergestellt,

 Altersbestimmung von Fundstücken: Stratigrafie, Radiokarbondatierung

Es gibt verschiedene Methoden, das Alter von archäologischen Funden zu messen. **Stratigrafie:** Jede Siedlung bildet im Laufe der Zeit so genannte Kulturschichten (siehe Kasten *Alles Müll?*). Die verschiedenen Erdschichten liegen wie die Schichten einer Schwarzwälder Kirschtorte übereinander, die älteren unten, die jüngeren oben. Scherben aus einer tieferen Schicht sind also mit Sicherheit älter als Scherben, die dicht unter der Oberfläche entdeckt wurden. **Radiokarbondatierung:** Pflanzen und Lebewesen nehmen, solange sie leben, radioaktive Kohlenstoffteilchen, das so genannte C-14, in sich auf. Nach einer bestimmten Zeit, der so genannten Halbwertzeit, hat sich das C-14 halbiert. Graben Archäologen nun zum Beispiel ein Skelett aus, dann können sie, wenn sie messen, wie viel C-14-Teilchen es noch enthält, recht genau sagen, wann der Mensch gestorben ist.

Alters-
bestimmung

Dendrochronologie: Sie misst das Alter von Holz mithilfe der Jahresringe, die Bäume bilden. Bäume der gleichen Art bilden sehr ähnliche Jahresringe. In einer Datenbank kann man nachsehen, wie Jahresringe von Bäumen aussehen, die zu einer bestimmten Zeit an einem bestimmten Ort gepflanzt wurden. Dieser „Jahresringkalender" hat Daten parat für die Zeit von etwa 7000 v. Chr. bis heute. Vergleicht man nun sein Fundstück aus Holz mit dem, was die Datenbank aussagt, kann man aufs Jahr genau festlegen, wann der Baum, aus dem der Gegenstand ist, gefällt wurde.

Bei Ausgrabungen braucht man sehr viel Fingerspitzengefühl. Howard Carter sagte: „Zerstören ist so schrecklich leicht und Wiedergutmachen so hoffnungslos." Hier wird der Kieferknochen eines Rindes mit Zahnarztwerkzeug freigelegt.

vielleicht einer, der in der Bronzegießerei arbeitete, die Dr. Pusch in Pi-Ramesse ausgegraben hat. Ein Arbeiter, der Dromedare aus seiner Heimat kannte. Und so erzählt jede einzelne Scherbe eine Geschichte aus der Vergangenheit.

Würde Dr. Pusch eine solche Scherbe außerhalb des Fundortes, etwa auf einem Flohmarkt, finden, dann könnte man aus ihr kein Wissen ziehen. Archäologen geht es hauptsächlich darum, Informationen über die Vergangenheit zu gewinnen, weniger darum, sensationelle Schätze zu finden. Das unterscheidet sie von Schatzsuchern, für die einzig der Geldwert eines Gegenstandes zählt.

In 25 Jahren Ausgräbertätigkeit hat Dr. Pusch 6,5 Millionen Scherben gefunden und nur ein einziges vollständiges Gefäß. Manche der Scherben sind kleiner als der Nagel des kleinen Fingers. Mit Zahnarztwerkzeug, Pinsel und Lupe wird der antike Müll untersucht, und wenn man Glück hat, kann man einige Gegenstände wieder zusammensetzen und herausfinden, wozu der eine oder andere benutzt wurde.

So unterschiedlich die Fundstücke von Dr. Pusch und Howard Carter sind, als Ausgräber brauchen beide ähnliche Eigenschaften. In erster Linie Geduld. Das gilt sowohl für die Suche als auch für die Auswertung. Bis manche Fundstücke richtig gedeutet sind, können Jahrzehnte vergehen, wie die Sache mit den „Champignon"-Knäufen zeigt. Zudem muss ein Ausgräber einen großen Ordnungssinn aufbringen, sonst blickt er sehr schnell nicht mehr durch. Und Phantasie muss man als Archäologe haben. Viel Phantasie. Damit die Vergangenheit wieder lebendig werden kann.

Die Grabkammer

>>> **Kehren wir zurück** zu Howard Carter. Sieben Wochen dauert das Ausräumen der 600 bis 700 Objekte aus der Vorkammer. Sieben Wochen, in denen die Ausgräber unzählige Schwierigkeiten meistern müssen. Materialien wie Stoffe, Leder oder die Schnüre der Schmuckstücke sind im Laufe der Zeit zerfallen. Gemeinsam entwickeln der Chemiker Alfred Lucas, der Archäologe Arthur Mace und Howard Carter neue Verfahren, die Gegenstände der Vorkammer dennoch, soweit möglich, zu erhalten.

Ein paar Beispiele: Sie finden Sandalen, reich mit Perlen bestickt. Die Fäden der Stickereien sind brüchig, bei der ersten Berührung würden sie sich in Staub auflösen, und man hätte nur noch eine Handvoll bedeutungsloser Perlen, die über den Boden rollen. Also erhitzt der Chemiker auf einem Spirituskocher etwas Paraffin, eine wachsartige Substanz, und gießt es über die Sandalen. Nach zwei Stunden wird das Paraffin fest, und man kann die Sandale aufheben und zur weiteren Behandlung in das Labor am anderen Ende des Tals der Könige bringen.

Die Sandalen von Tutanchamun

Zur Zeit von Tutanchamun waren aufwendige Perlenstickereien groß in Mode. Die Halskrägen des Pharao waren aus hunderten Perlen und Pailletten zusammengesetzt. Auch hier hatten sich die Schnüre zersetzt. Carter nimmt jede einzelne Perle oder Paillette mit einer Pinzette auf und drückt sie auf ein Stück Karton mit einer Plastelinschicht. Ist alles richtig aneinandergereiht, wird der Perlenschmuck im Labor wieder neu aufgefädelt.

In Tutanchamuns Grab herrschte, solange es geschlossen war, eine hohe Luftfeuchtigkeit. Als die Kammer geöffnet wurde und trockene Wüstenluft eindringen konnte, gab es Probleme mit den Holzobjekten. Das Holz schrumpfte. Viele Objekte waren mit Stuck

Carters Team

Außer vielen hundert einheimischen Arbeitern gehörten zu Carters Team zahlreiche Spezialisten. Der Kreis der engeren Mitarbeiter:

Harry Burton: offizieller Fotograf

Arthur Challender: Howard Carters Assistent

Derry Douglas: Anatomieprofessor, untersuchte die Mumie

Alan Gardiner: Ägyptologe, Experte für Hieroglyphen

Lindsley Hall und Walter Hauser: Ausgrabungszeichner

Alfred Lucas: Chemiker, verantwortlich für die Haltbarmachung der Fundstücke

Arthur C. Mace: Ägyptologe und rechte Hand Carters

Unter dem wachsamen Blick von Carter werden die Totensträuße aus dem Grab herausgetragen und ins Laboratorium gebracht. Im Grab fand man unter anderem Kornblumen, blauen Lotus und Seerosenblüten.

oder gar mit einer Goldschicht versehen. Diese aufgetragenen Schichten konnten nicht nachgeben und bekamen nun Risse oder bröckelten ab. Carter behandelt auch sie mit Paraffin. Erst wärmt er die Oberflächen der Kunstobjekte in der ägyptischen Sonne, dann gießt er fast kochendes Paraffin darüber. Nur so kann die Substanz in alle Ritzen eindringen. Bis heute bereitet die Haltbarmachung – die Konservierung, wie Fachleute sagen – von solchen Objekten große Schwierigkeiten.

Die 3 200 Jahre alten Totensträuße werden drei- bis viermal mit einer festigenden Lösung besprüht, danach können sie ohne Probleme weggetragen werden. Jahre später können Wissenschaftler feststellen, aus welchen Blumen die Sträuße bestehen. Man hat zum Beispiel Kornblumen gefunden, und weil man weiß, dass diese Blumen zwischen Mitte März und Ende April blühen, weiß man auch, dass Tutanchamun in diesen Monaten im Jahre 1327 v. Chr. beigesetzt wurde.

Jeder neuentdeckte Gegenstand wirft neue Fragen auf. Auf welche Weise retten wir ihn vor dem Verfall? Um was handelt es sich? Aus welchem Material besteht er? Fehlt etwas? Wenn ja, befindet sich der fehlende Teil noch im Raum oder wurde er von den Dieben weggeschafft? Die Wächter, die nach dem Einbruch in der Vorkammer aufräumten, hatten alle Kleinteile, die auf dem Boden verstreut herumlagen, zusammengefegt und sie dann bunt vermischt in die verschiedenen Kästen gestopft. Größere Gegenstände waren wahllos an die Wand geschoben und übereinandergestapelt worden. Man kann sich vorstellen, wie schwierig sich Carters Arbeit dadurch gestaltete.

Carter hält das goldene Zepter des Königs in den Händen, berührt den Thronsessel, auf dem der Pharao gesessen hat, und bewundert dessen Prunkbecher aus durchsichtigem Alabaster. Mit jedem Gegenstand lernt er mehr über den Mann, dem diese Dinge einmal gehört haben. Immer wieder fragt er sich, ob die Mumie von Tutanchamun hinter der dritten versiegelten Tür liegt. Darf er hoffen? Wird es ihm vergönnt sein, diesen letzten, größten Fund zu machen?

Freitag, 17. Februar 1923, 14 Uhr. Endlich ist es soweit. Die Vorkammer ist leer. Die versiegelte dritte Tür kann geöffnet werden. 20 ausgewählte Zuschauer, unter ihnen Lord Carnarvon und seine Tochter, nehmen in der Vorkammer Platz. Helle Lampen sind auf die Tür gerichtet. Nur die beiden lebensgroßen schwarzen Wächterfiguren sind noch auf ihrem alten Platz verblieben. Howard Carter steht auf einem Podest. Die Tür soll von oben her Stein für Stein abgetragen werden. Können nach all den Schätzen, die bereits geborgen wurden, noch größere Kostbarkeiten ans Licht kommen? Carters Hand zittert, als er den ersten Schlag führt.

Zehn Minuten etwa dauert es, dann hat Carter eine kleine Öffnung freigelegt. Er führt eine elektrische Lam-

Carter und seine Helfer blicken zum ersten Mal in die Sargkammer, in der sich der Sarkophag Tutanchamuns befindet. Die Zeichnung auf der rechten Seite zeigt einen Uschebti, eine hölzerne Dienerfigur, aus Tutanchamuns Grab.

Dort vor uns war die versiegelte Tür, und wenn wir sie jetzt öffneten, dann überbrückten wir Jahrtausende. Wir würden uns in Gegenwart eines Königs befinden, der vor 3000 Jahren herrschte.

Howard Carter

pe durch das Loch – und erblickt etwas, das wie eine Mauer aus Gold aussieht. Alles Gold! Überall. So weit sein Auge sehen kann. Vor ihm befindet sich die schwere Wand eines Schreins; ein Schrein ist so etwas wie ein schützender Kasten oder Schrank. Fünf Meter lang, 2,73 Meter hoch, füllt er den kleinen Raum fast vollständig aus. Er besteht aus vergoldetem Zedernholz und ist reich verziert mit Schutzsymbolen. Kein Zweifel: Hier ist die Sargkammer des Königs. Dieser Schrein schützt den Sarg des Pharao.

Stein um Stein wird vorsichtig entfernt, bald ist der Schrein auch für die Zuschauer sichtbar. Große Aufregung im Raum. Das dumpfe Raunen der Zuschauer reißt nicht ab, als Carter erneut einer schweren Geduldsprobe ausgesetzt wird. Eine in tausend Einzelteile zerfallene Perlenkette, die die Plünderer auf der Schwelle hatten fallen lassen, hält ihn auf. Gewissenhaft, also langsam, überaus langsam, liest er die verstreuten Perlen und alle anderen Einzelteile auf. Dann erst zwängt sich Carter in die Grabkammer. Nur 65 Zentimeter Raum bleiben ihm zwischen dem goldenen Schrein und der Wand der Kammer. Endlich Gewissheit bekommen! Ist alles unversehrt? Die Mumie noch an ihrem Platz?

Howard Carter tritt an den großen Schrein. Dessen goldglänzende Flügeltüren sind verschlossen. Nur verschlossen! Kein Siegel! Eilig öffnet der Ausgräber den Schrein. Da – ein zweiter goldener Schrein. Wieder eine Tür. Verschlossen und – in Carters Kopf beginnt sich alles zu drehen – versehen mit einem Siegel, mit einem unversehrten Siegel der Königstotenstadt. Hinter dieser Tür schläft der Pharao. Der Ausgräber fühlt sich plötzlich als Eindringling. Er spürt die Gegenwart des toten Königs. Ein Gefühl von Ehrfurcht

? Ägyptische Götter

Unzählige Göttinnen und Götter umgaben die Menschen Ägyptens, man kennt heute die Namen von etwa 1 000 von ihnen. Jede Stadt besaß ihren Stadtgott, manche Götter wurden im ganzen Land verehrt. So herrschte der Gott Amun von Theben über ganz Ägypten. Er wurde meist in enger Verbindung mit dem mächtigen Sonnengott Re gesehen und war als Amun-Re der höchste Gott. Hier einige der wichtigsten Gottheiten:

Ammit: Verschlingerin der Herzen verstorbener Sünder, dargestellt als Mischwesen aus Krokodil, Löwe und Flusspferd

Amun-Re: Verbunden mit dem Sonnengott Re war Amun der König der Götter im Neuen Reich. Amun bedeutet „der Verborgene".

Anubis: Gott der Toten, dargestellt als Schakal, Schutzherr der Einbalsamierer

Aton: Die Sonnenscheibe, zur Zeit von Tutanchamuns Vorgänger Pharao Echnaton als höchster Gott verehrt

Bastet: Katzengöttin und Göttin der Liebe und der Musik

Chepri: Skarabäusgott, Symbol der Wiedergeburt, rollte nach dem Glauben der Ägypter täglich die Sonne an den Himmel

Horus: Himmelsgott in Falkengestalt und göttliches Symbol des Königs

Isis: Große Göttin der Schöpfung und Erweckerin der Toten, Gefährtin des Osiris und Mutter des Horus

Mut: Göttin, deren Namen „Mutter" bedeutet, Frau des Amun

Nut: Himmelsgöttin, oft sternenübersät dargestellt

Osiris: König der Unterwelt und Gott der Wiedergeburt, höchster Richter der Toten

Re: Schöpfer allen Lebens auf der Erde und im Himmel

Es war ein Erlebnis, das keiner von uns Anwesenden sicherlich jemals vergessen kann. In unserer Phantasie waren wir bei den Bestattungsfeierlichkeiten eines längst verstorbenen und fast vergessenen Königs zugegen gewesen.

Howard Carter

beschleicht ihn. Sorgfältig und so leise wie möglich verschließt er die große Flügeltür wieder und tritt einen Schritt zurück.

Carter will auch deswegen zunächst nicht weiter eindringen, um nichts zu zerstören. Die Siegel nicht, und auch nicht das kostbare Sargtuch, das über dem zweiten Schrein ausgebreitet ist.

Sie sehen sich in der Grabkammer um. Auf dem Boden, rund um den Schrein, befinden sich Totengaben, herrliche Alabastervasen, kostbare Lampen, goldene Fächer. An der Nordseite liegen elf magische Ruder, die der König brauchte, um sich über die Gewässer der Unterwelt fahren zu lassen. Die Wände der Kammer sind mit bunten Darstellungen und Inschriften in leuchtenden Farben geschmückt.

Und dann entdecken sie noch eine Tür! An der östlichen Wand. Niedriger als die vorherigen, weder versiegelt noch verschlossen.

36

Links: Die Sargkammer war als einziger Raum im Grab mit Wandmalereien versehen. Dargestellt sind Szenen von Tutanchamuns Bestattung und seiner Ankunft in der Unterwelt. Hier sieht man, wie herzlich der Verstorbene von Osiris im Totenreich begrüßt wird.

Was mag sich dort verbergen? Ein Blick genügt Carter, um zu erfassen, dass sich hier die größten Schätze des Grabes befinden. Die Kammer heißt von dem Moment an „die Schatzkammer".

Dem Eingang gegenüber steht das schönste Stück, dass Carter je gesehen hat. Er hält den Atem an. Ein großer Kasten, ganz und gar mit Gold überzogen. Vier anmutige Schutzgöttinnen breiten darum ihre Arme aus. Natürlich und lebendig in ihrer Haltung, voll Mitgefühl im Ausdruck ihrer Gesichter. Zwei der Göttinnen halten ihren Blick auf den goldenen Kasten gerichtet, die beiden anderen schauen über ihre Schultern zum Eingang, genau in die Richtung des Archäologen.

Es scheint fast, als hätten sie all die Jahre auf Carter gewartet. Der Ausgräber ist tief berührt von diesem Anblick. Er bringt kein Wort mehr heraus. Vor ihm steht der Kanopenschrein. In diesem Kasten werden die Organe des Königs aufbewahrt: Leber, Lunge, Magen und Darm, die vor der Einbalsamierung entfernt wurden, damit sie nicht in der Mumie verwesten. Nur das mumifizierte Herz wurde in den Körper zurückgelegt, denn es wurde bei der Reise ins Jenseits noch gebraucht. Die Nieren warf man fort. Insgesamt enthält die Schatzkammer etwa 500 kostbare Gegenstände, doch Carter nimmt sie in diesem Moment gar nicht richtig wahr. Er hat nur Augen für die Göttinnen des Kanopenschreins. Paarweise dürfen jetzt auch die anderen Zuschauer die Grabkammer betreten. Keiner spricht, alle sind zu bewegt.

Drei Stunden später tritt Carter aus dem Dämmerdunkel des Grabes wieder heraus. Das Tal erscheint ihm da verändert, getaucht in ein ganz besonderes Licht.

Unten: Der Kanopenschrein mit der Schutzgöttin Selket

5

Der Fluch des Pharao

> > > **Die ganze Welt** nimmt Anteil an Carters Arbeit. Telegramme von allen Teilen der Erde regnen auf ihn und sein Team nieder. Die Presse berichtet täglich in großen Schlagzeilen vom Fortgang der Arbeit. Unzählige Besucher strömen ins Tal der Könige. Howard Carter bekommt schon bei Arbeitsbeginn schlechte Laune, wenn er sieht, wie sie sich schon in Herrgottsfrühe um den Eingang des Grabes herum häuslich einrichten, schwatzen, lesen, stricken, Fotos voneinander machen und jedes Mal völlig aus dem Häuschen geraten, wenn etwas aus dem Grab herausgeschafft wird.

Besuchermassen am Grab. Für den zurückhaltenden Carter waren sie eine Plage.

● ● ● **Gewiss ist, dass keine Macht der Welt uns mehr vor der Öffentlichkeit schützen konnte. Wir waren hilflos und mussten uns damit abfinden.**
Howard Carter

Der Horrorfilm „Die Mumie"
(1932) mit Boris Karloff
gilt als Meisterwerk. Auch
das Remake „Die Mumie"
(1999) mit Rachel Weisz
und die Fortsetzung davon,
„Die Mumie kehrt zurück"
(2002), hatten großen Er-
folg.

Es kommt zu tumultartigen Szenen. Manchmal hat Carter Angst, dass die Mauer, hinter der die Besucher stehen, nachgibt und die ganze Besuchermasse ins offene Grab stürzt.

Carter ist schließlich so erzürnt, dass er das Grab zehn Tage nach der Öffnung der Sargkammer einfach wieder zuschütten lässt und für eine Woche verschwindet. Danach geht es im Tal etwas ruhiger zu.

Aber ein neues Ärgernis lässt nicht lange auf sich warten. „Der Fluch des Pharao" tönt es zehn Wochen nach der Öffnung der Grabkammer. Auslöser ist der überraschende Tod von Lord Carnarvon. Der reiche englische Adlige, der mit viel Geld und noch mehr Leidenschaft Howard Carters Ausgrabungen unterstützt hat, stirbt plötzlich und unerwartet in Kairo. Ursache ist ein Moskitostich, der eine Blutvergiftung nach sich zieht.

„Die Rache des Pharao!", schreiben die Zeitungen und fangen an, die angeblichen „Opfer des Pharao" zu zählen. Tatsächlich sterben in den nächsten Jahren einige der enger Beteiligten, aber im Grunde ist der Fluch des Pharao eine Erfindung der Presse. Die Welt verlangt täglich nach spektakulären Neuigkeiten rund um Tutanchamun. Da lassen sich die Zeitungsschreiber die Sache mit dem Fluch einfallen.

Tatsächlich gibt es im Grab keine einzige Inschrift mit einem Fluch, nur eine Aufforderung, dem Toten fromme und wohlwollende Wünsche nachzusenden. Dennoch wurden ganze Bücher über den Fluch des Pharao geschrieben, Filme gedreht und mehr Zeitungsartikel darüber verfasst, als man zählen könnte. Vielleicht sind einige Todesfälle auf den Schimmelpilz *Aspergillus flavus* oder auf andere in der Grabkammer vorhandene seltene Bakterien, Pilze oder Viren zurückzuführen, gegen die moderne Menschen keine ausreichenden Abwehrkräfte haben. 1973 wurde diese Theorie entwickelt. Insbesondere Lungenerkrankungen oder Blutvergiftungen führte man darauf zurück. Für schwache und kranke Menschen ist dieser Pilz tatsächlich lebensbedrohlich, wie man heute weiß.

Howard Carter selbst hat zu keinem Zeitpunkt das Gefühl, etwas Falsches zu tun. Die Geschichte mit dem Fluch kann er nur belächeln. Er sorgt für die Erhaltung der kostbaren Schätze für die Nachwelt. Ließe er alles an Ort und Stelle, würden sie früher oder später zur Beute von Dieben werden, was ihrer Vernichtung gleichkäme. In seiner Ausgräberzeit hat er zu viele geplünderte Gräber gesehen, als dass er darüber Zweifel haben könnte.

Mysteriöse Todesfälle

Carnarvon war bei der Graböffnung am 17. Februar 1923 anwesend. Als er das Grab verließ, wurde er von einem Moskito gestochen; dies führte zu einer Blutvergiftung, die zusammen mit einer Lungenentzündung am 5. April 1923 zum Tode führte. Zum Zeitpunkt des Todes fiel in ganz Kairo der Strom aus, und in derselben Nacht starb in Highclere Castle der Lieblingshund von Carnarvon. | Howard Carters Kanarienvogel wurde am Tag der Graböffnung von einer Kobra getötet. Die Kobra war das Symbol für die Göttin Unterägyptens, eine Beschützergottheit der Pharaonen. Daher sah man im Tod des Vogels ein Zeichen. **Douglas Archibald Reed** (Röntgenologe) röntgte und fotografierte Tutanchamun. Er brach dabei zusammen und verstarb einige Zeit später. **Arthur C. Mace**, Freund und rechte Hand Howard Carters, war bei der Ausgrabung anwesend und starb plötzlich und unerwartet. **Colonel Aubrey Herbert** (Halbbruder von Carnarvon) war beim Öffnen des Sarkophags anwesend und starb einige Wochen später an einer Bauchfellentzündung (nach anderen Quellen beging er Selbstmord). **Richard Bethel** (der Sekretär Howard Carters) wurde tot in seiner Wohnung aufgefunden, vermutlich beging er Selbstmord. **Lady Almina**, die Ehefrau Carnarvons, infizierte sich durch einen Moskitostich und starb kurze Zeit darauf.

Ein Gutes hatten die Zeitungsmeldungen über den „Fluch des Pharao" jedoch: Sie brachten Dr. Pusch nach Ägypten. Weihnachten 1954, Edgar Pusch ist damals acht Jahre alt, liest er einen solchen Artikel und weiß sofort mit großer Klarheit, dass er Archäologe werden möchte.

Ob er sich als Kind wohl schon vorstellen konnte, wie mühsam das Leben eines Ausgräbers an manchen Tagen ist?

Es fängt bei der Finanzierung an. Jedes Jahr muss Dr. Pusch Gelder bei der Deutschen Forschungsgemeinschaft in Bonn (DFG) beantragen, die die Grabungen in der Ramses-Stadt finanziert. Dr. Pusch hält außerdem viele Vorträge, mit denen er versucht, Sponsoren zu erklären, warum seine Arbeit so wichtig und unterstützenswert ist.

Als nächstes muss er für jedes einzelne Mitglied des Grabungsteams einen Antrag bei der ägyptischen Altertümerverwaltung stellen. Die Behörde prüft, ob die Mitglieder des Teams auch wirklich qualifiziert sind, und checkt bei Interpol, der internationalen Kriminalpolizei, ob sie eine reine Weste haben. Nur wer noch nie mit der Polizei in Konflikt war, darf mit auf die Grabung. So wollen sich

Auf ihren Köpfen tragen Frauen in schwarzen Kautschukkörben den Aushub von der Grabung an den Rand des Grabungsfeldes. Dort werden die Fundstücke herausgesiebt.

Oben: Die Hacker arbeiten bei bis zu 45 Grad in der prallen Sonne. Hier wird die oberste Erdschicht über einer Mauer abgetragen.

die Ägypter vor Plünderern, Dieben und Antiquitätenschiebern schützen. Der ganze Papierkram braucht sehr viel Zeit. Dr. Pusch beklagt sich aber nie über die viele Arbeit. Er steckt auch nach so langer Zeit auf Grabungsstätten immer noch voller Wissensdurst. Das treibt ihn an.

Wenn das Geld da ist, alle Genehmigungen erteilt sind und Dr. Pusch in Ägypten angekommen ist, wird es erst richtig anstrengend. Der Archäologe steht während der Grabungssaison jeden Tag vor Sonnenaufgang auf und arbeitet von 5 Uhr morgens bis Mitternacht durch. Mindestens sechs Tage die Woche, häufig arbeitet er auch noch sonntags. Howard Carter hielt es genauso.

Tagsüber herrschen oft Temperaturen von 50 bis 60 Grad. Pausen macht Dr. Pusch nur kurz, um mal schnell etwas zu essen.

Es kann passieren, dass er und sein Team wochenlang an einem seiner Fenster – den 10 Meter mal 10 Meter großen Gruben – arbeiten, und

? Das Land Kemet

Die alten Ägypter nannten ihr Land Kemet. Das heißt so viel wie „schwarzes Land", denn die Nilüberschwemmungen bedeckten das Land entlang des Stromes mit dunklem Schlamm und färbten es dadurch schwarz. Dieser fruchtbare Schlamm wurde durch den Nil aus den Vulkangebieten Äthiopiens angeschwemmt.

Dr. Pusch bespricht mit einem ägyptischen Spezialarbeiter die freigelegten Schichten.

Der „Jahrhundertfund" von Dr. Pusch: das erste Tafelfragment aus dem Keilschriftarchiv von Ramses II., das bis heute gefunden wurde

dann kommt ein Regenguss und macht alles zunichte, was sie mühselig ausgegraben haben. Die ganzen Schwierigkeiten sind aber in dem Moment vergessen, wenn der Ausgräber etwas Bedeutendes findet. Weltweit wurde darüber berichtet, als Pusch einen Fußboden freilegte, auf dem so viel Blattgold lag, dass man annehmen konnte, es handle sich um den vergoldeten Fußboden eines Palastes. Nach jahrelanger Detektivarbeit glaubt sich Pusch heute fast ganz sicher zu sein, dass es sich um den Fußboden einer Maler- und Vergolder-Werkstatt handelt, in der ungewöhnlich schlampig mit dem Gold verfahren wurde. Also doch kein Palast!

Jeder Tag bringt neue Erkenntnisse, manchmal auch neue Irrtümer, auf alle Fälle neue Aufregungen. Ein Tag sticht besonders hervor: der 31. August 2003. Diesen Tag wird Edgar Pusch nie vergessen. Es ist der Tag, an dem er völlig unvermutet einen Jahrhundertfund machte.

Es ist ein Sonntagmorgen, 7.45 Uhr. Die ägyptischen Arbeiter haben bereits angefangen zu graben. Einer von ihnen hat etwas Ungewöhnliches gefunden und bittet Dr. Pusch mitzukommen. Es ist nämlich wichtig, dass der Archäologe und nicht der Arbeiter das Fundstück vom Boden aufhebt.

Dr. Pusch wird zu einer Stelle geführt, an der eine Scherbe liegt. Eine Scherbe aus gebrannter Keramik, rundherum abgebrochen und mit merkwürdigen Eindrücken, so als ob ein Huhn über Papier gelaufen wäre.

Ramses II.

Ramses II. lebte fast 100 Jahre lang. Er herrschte 1290–1224 v. Chr. über Ägypten. Man vermutet heute, dass er der Pharao sein könnte, der in der Bibel erwähnt wird: der Pharao also, unter dem das Volk Israel aus Ägypten auszog, weil es dort gezwungen wurde, in Knechtschaft zu leben. Unter der Herrschaft Ramses' II. litt Ägypten unter den sieben mageren Jahren, erlebte das Reich am Nil aber auch Zeiten des Wohlstands. Als großer Bauherr errichtete er unzählige Denkmäler, ließ mehrere Felsentempel und viele Städte bauen.

Eine sieben Meter hohe Kolossalstatue von Ramses II., der 66 Jahre über Ägypten herrschte. Tempel des Amun in Luxor

Mein Verstand hat sich geweigert zu glauben, was ich da sah.

Edgar Pusch

Pusch, der sich mit alten Sprachen auskennt, ist sofort klar: Diese Eindrücke sind Keilschrift. In Keilschrift wurden zu Ramses' Zeiten Briefe an ausländische Könige geschrieben.

Seit vielen Jahren wussten die Ägyptologen, dass es in der Ramses-Stadt irgendwo einen Ort geben musste, wo die Kopien der Briefe aufgehoben wurden, die der mächtige Ramses anderen Königen schickte. Doch wo steckt dieses Archiv? Bei einer Ausgrabungsfläche in der Größe einer deutschen Kleinstadt systematisch danach zu suchen, ist aussichtslos. Glück! Nur mit Glück kann Dr. Pusch auf Teile dieses Keilschriftarchivs stoßen.

Von Fundstellen anderswo auf der Welt kannte man bereits Briefe, die Ramses II. geschrieben hat. In der Türkei stieß man auf den ältesten uns bekannten Friedensvertrag der Welt, den der Pharoao mit dem König der Hethiter geschlossen hat. Ein Vertrag, der die beiden Länder freundschaftlich miteinander verband. In diesem Vertrag versprechen die Hethiter und die Ägypter einander Lebensmittel zu senden, sollte eines der Länder jemals von einer Hungersnot betroffen sein. Die beiden Länder wollen sich auch gegenseitig Soldaten schicken, wenn eines der Länder von einem dritten Land angegriffen werden sollte.

20 Jahre lang hat Edgar Pusch davon geträumt, eines Tages einen Brief des hethischen Königshauses an den Pharao zu finden. Und da steht er nun und hält eine Scherbe eines solchen Briefes in der Hand.

Seine Knie werden weich, er setzt sich auf den Boden in den Staub. Dann kann er nicht einmal mehr sitzen, muss sich hinlegen, in seinem Kopf dreht sich alles. Die Scherbe mit der Keilschrift haut ihn einfach um.

Dieser Mann liebt seinen Beruf, und wenn man mit ihm spricht, dann steckt er einen regelrecht an mit seiner Begeisterung für die Scherben, aus denen er Freud und Leid von Menschen herausliest, die lange vor uns gelebt haben. Die Scherbe, die er da in der Hand hält, so verschlammt und klein wie sie ist, die ist sein Tutanchamun, sagt er und drückt damit aus, wie wichtig das Keilschriftarchiv Ramses' II. für die Archäologie ist.

6

Der goldene Schrein

>>> Anfang 1924 öffnen Howard Carter und sein Team die Türen der Schreine, in deren Innerstem die Mumie des Pharao ruht. Der zweite Schrein ist von einem Tuch bedeckt. Die Flügeltür ist sorgfältig mit einem Strick verschlossen und außerdem versiegelt.

Carter löst vorsichtig die Stricke und schlägt die Flügeltür zurück. Da steht er vor einem dritten, ebenfalls versiegelten unversehrten goldenen Schrein. Und als er auch hier die Stricke löst, öffnen sich die Flügeltüren zu einem vierten Schrein, noch schöner und prächtiger gearbeitet als alle vorherigen. Alle vier Schreine sind mit religiösen Sprüchen geschmückt, die Tutanchamun helfen sollten, sich im Totenreich zurechtzufinden.

Carter zieht die Riegel der letzten Türen zurück, langsam öffnen sie sich. Vor ihm steht, den ganzen Schrein ausfüllend, ein steinerner Sarkophag, unberührt, als hätten fromme Hände ihn eben erst geschlossen. Kunstvoll gefertigt aus einem einzigen Block edlem, rotem Quarzit. 2,75 Meter lang, 1,50 Meter breit und 1,50 Meter hoch. Vier Göttinnen breiten schützend ihre Arme und Flügel um ihn aus. Der erhabene Eindruck wird durch das schimmernde Gold der Schreine noch gesteigert.

Über einen Monat dauert der Abbau der vier Schreine. In 51 Teile zerlegt werden sie herausgetragen und zunächst einmal in der Vorkammer zwischengelagert. Die Handwerker, die die Schreine anfertigten, haben Carters Respekt

Die Mumie von Tutanchamun wurde mit der berühmten Goldmaske versehen und in einen Sarg aus purem Gold gelegt. Dieser Sarg wiederum wurde von zwei weiteren Särgen aus vergoldetem Holz umgeben. So geschützt lag der König in seinem steinernen Sarkophag.

❓ Wie kam der Schrein in die Sargkammer?

Die Wand des ersten Schreines ist 5,18 Meter lang, 3,35 Meter breit und 2,74 Meter hoch. Selbst in Einzelteile zerlegt würde der Schrein niemals durch die kleine Tür der Kammer passen. Wie also ist der Schrein in die Sargkammer gelangt? Es gibt nur eine einzige Erklärung: Die Wand zwischen Sargkammer und Vorraum wurde erst hochgezogen, nachdem die schützenden Schreine über dem Mumiensarg zusammengesetzt worden waren. Um die Schreine aus dem Grab herauszuschaffen, muss Carter diese Wand abtragen.

und Bewunderung. Aber über die Monteure, die sie vor 3200 Jahren in der Sargkammer zusammensetzten, ärgert er sich Stein und Bein.

Sie haben die einzelnen Teile verwechselt und nach den verkehrten Himmelsrichtungen hin aufgestellt. Dabei hatten die Schreiner und Zimmerer, die die Schränke gebaut hatten, doch alles mit Nummern und Orientierungszeichen versehen! Weil beim Aufstellen der Schreine nun nichts mehr richtig zusammenpasste, wurde es einfach passend gemacht: Mit Hammerschlägen droschen die Monteure auf die Goldverzierungen ein und beschädigten sie schwer. Ganze Stücke brachen dabei ab. Die ließen sie mitsamt den Holzspänen einfach liegen, wo sie gerade hinfielen.

3. Februar 1924. Der Sarkophag steht frei im Raum. Ein Meisterwerk. Tiefe ehrfurchtsvolle Stille herrscht in der Gruft. Ein Gerät mit Flaschenzügen zum Hochheben der schweren Sargplatte aus

Carter bei der Arbeit. Es wird heute als Glücksfall angesehen, dass so ein erfahrener, gewissenhafter Mann wie er das Grab Tutanchamuns fand. Er zwang sich, besonders langsam und sorgfältig zu arbeiten, um keine Fehler zu machen.

Wir hatten schließlich gefunden, was wir uns niemals erträumt hatten zu erreichen – einen vollkommenen Einblick in die Grabsitten, die dem Begräbnis eines ägyptischen Pharaos folgten.

Howard Carter

Granit ist in Position gebracht. Die Ausgräber bereiten sich innerlich auf die Begegnung mit dem Toten vor. Keiner wagt zu sprechen, als sich der mehr als 600 Kilogramm schwere Deckel mit den geheimnisvollen Inschriften langsam in die Luft hebt.

Der erste Blick ins Innere des Sarkophags ist eine Enttäuschung: Leintücher, nichts als Leintücher. Aber als sie die Leintücher entfernen, kommt ein goldenes Abbild des Königs zum Vorschein. Jung, strahlend, würdevoll, wunderschön. Sie haben einen vergoldeten, 2,20 Meter langen Holzsarg in Gestalt einer Mumie mit dem Antlitz Tutanchamuns vor sich.

Tutanchamun wird in diesem Mumiensarg wie ein Gott dargestellt. So trägt er einen falschen Bart, weil man glaubte, dass die Götter so aussehen. Die über der Brust gekreuzten Hände halten als Zeichen seiner göttlichen Macht einen gekrümmten Stab und eine Geißel. Auf der Stirn trägt er Kobra und Geier – die Göttinnen Unter- und Oberägyptens.

Howard Carter ist besonders berührt von einem kleinen Blumenkranz, der als letzter Abschiedsgruß auf dem goldenen Sarg liegt. Die verdorrten Blumen schimmern noch im blassen Schein ihrer einsti-

Die feierliche Einbalsamierung eines Toten. Der Zeremonienmeister überwacht die Arbeit der Diener, während ein Priester Rauchopfer darbringt. Tote, deren Angehörige sich diese aufwendige Prozedur nicht leisten konnten, wurden einfach gewaschen und dann in der heißen Sonne getrocknet. (Nach einer Zeichnung von Fortunino Matania aus dem 19. Jahrhundert)

> **Ich glaubte den Augenblick zu erleben, da sie den königlichen Toten in den Sarg betteten; so frisch und unberührt von der Zeit schien das alles.**
> Howard Carter

❓ So entsteht eine Mumie

Kurz nach dem Tod wird der Verstorbene in das Haus der Balsamierer gebracht. Das Gehirn wird mit Säure verflüssigt und mit einem Bronzehaken durch die Nase „herausgerührt". Danach setzen sie einen Schnitt rechts unterhalb der Rippen an. Durch diese Öffnung werden die inneren Organe aus dem Körper geholt. Die Leiche wird mit Natronsalz bedeckt. Das soll dem Körper alle Flüssigkeit entziehen. Danach wird der Leib des Toten mit Lehm, Sägemehl und anderem gefüllt. Anschließend wird der Leichnam bandagiert. Zum Schluss wird der Tote in ein Leichentuch gekleidet.

Die berühmte Goldmaske stellt den Pharao mit seinen Machtzeichen dar: mit Kopftuch, Zeremonialbart und den Wappentieren Geier und Kobra.

gen Farben. Hatte Anchesenamun diese Blumen für ihren Mann gepflückt?

Schon beim ersten der goldenen Särge verschlägt es Carter und seinen Leuten die Sprache. Und dabei gibt es von diesen Särgen drei! Der dritte ist sogar aus massivem Gold, 110 Kilogramm schwer. Das Gesicht des Pharao ist außerdem noch durch eine zehn Kilogramm schwere Totenmaske aus massivem Gold geschützt – wahrscheinlich der berühmteste Gegenstand aus dem Grab des Tutanchamun.

Für alle Ägypter war ein ordentliches Begräbnis wichtig, weil sie den Tod nur als Übergang zum nächsten Leben ansahen. Daher musste der Körper unversehrt erhalten werden, schließlich wurde er im Jenseits gebraucht.

Zwischen Tod und Begräbnis lagen genau 70 Tage, in denen die Einbalsamierung vorgenommen wurde und alle Vorbereitungen für das Begräbnis abgeschlossen sein mussten. Normalerweise gaben die Herrscher ihre Särge und Grabbeigaben schon zu Lebzeiten in Auftrag, aber weil Tutanchamun jung und unerwartet starb, war für sein Begräbnis noch nicht gesorgt worden. Tausende von Gegenständen wurden zusammengetragen, ein bereits für einen anderen gefertigtes Grab wurde für ihn benutzt und in aller Eile ausgeschmückt. Das Grab war viel kleiner als für einen Pharao üblich, daher mussten die Grabbeigaben regelrecht gestapelt werden. Und auch sie fielen im Vergleich zu den Grabbeigaben anderer Pharaonen sehr bescheiden aus, glauben manche Experten.

Die Reise ins Jenseits

>>> Frühjahr des Jahres 1338 v. Chr. In der Stadt Theben versammeln sich die Menschen beim Palast, um den Pharao auf seinem letzten Weg zu begleiten. Die Ägypter haben ihren jungen Pharao geliebt, ihre Trauer ist echt. Schließlich gab der Kindkönig ihnen ihre alten Götter zurück. Die Menge zieht mit der Mumie zum Nil und überquert den mächtigen Strom auf zahlreichen Booten. Der Verstorbene reist auf einer grünen Barke vorneweg. Die Farbe Grün steht für Leben und Wiedergeburt. Am Westufer des Flusses wird der König von zwölf Hofbeamten auf einem Holzschlitten durch die Hitze und den Staub der Wüste bis hin zu seinem Grab im Tal der Könige gezogen. Die junge Witwe Tutanch-

Diese Wandmalerei aus der Sargkammer zeigt das Mundöffnungsritual. Der Minister und Nachfolger Tutanchamuns, Eje – mit Leopardenfell –, öffnet mit einem speziellen Instrument die Sinne des Pharao. Normalerweise fiel diese Aufgabe dem Sohn des Toten zu.

Nicht habe ich bewirkt das Leiden der Menschen, noch meinen Verwandten Zwang und Gewalt angetan. Nicht habe ich das Unrecht an die Stelle des Rechtes gesetzt, noch Verkehr gepflegt mit dem Bösen …

Aus dem Ägyptischen Totenbuch

Das Totengericht. Das Herz des Verstorbenen wird gegen die Feder der Wahrheit gewogen.

Ägyptisches Totenbuch

Eine Sammlung von Sprüchen, die den Toten helfen sollte, die Unsterblichkeit zu erlangen. Es enthält neben frommen Gebeten auch viele praktische Hinweise. Unter anderem beschreibt es, wie die Unterwelt beschaffen ist, damit der Tote auch die Pforte ins Jenseits findet. Die vielen Zaubersprüche und frommen Gebete lernten die alten Ägypter auswendig, um in der Unterwelt stets das Richtige zu sagen.

amuns geht auf dem langen Weg schluchzend neben dem Sarg her. Alle Menschen tragen Weiß, in Ägypten die Farbe der Trauer. Der Schrein mit den Eingeweiden, den Howard Carter in der Schatzkammer wiederentdeckt und so sehr bewundert, wird auf einem weiteren Schlitten hinter dem Sarg hergezogen. Zahlreiche Klagefrauen begleiten den Zug, manche von ihnen werden fürs Trauern bezahlt. Je mehr Klageweiber, desto besser, heißt es. Sie weinen und jammern, bestreuen sich mit Staub und fuchteln mit den Armen.

Eine der wichtigsten Zeremonien der ganzen Beerdigung wird am Eingang des Grabes vollzogen: das geheimnisvolle Mundöffnungsritual. Tutanchamuns Mumie wird mit dem Gesicht zum Grab hin aufgerichtet. Ein Priester spricht Zaubersprüche und Lobpreisungen aus. Tutanchamuns Minister Eje berührt mit einem Instrument Mund, Ohren und Augen des Verstorbenen. Dadurch kann der Tote im Jenseits wieder sprechen, hören, sehen und sich zurechtfinden, glaubt man. Dann wird die Mumie in ihren drei Särgen in den schweren Sarkophag gebettet, die vier goldenen Schreine werden aufgestellt und die Schätze ins Grab getragen. Die Priester verlassen als Letzte die Gruft. Beamte der Königstotenstadt versiegeln das Grab. Der Pharao ist allein. Seine Reise ins Jenseits beginnt.

Nach der Vorstellung der alten Ägypter war die Reise ins Jenseits sehr gefährlich. In der Halle der Wahrheiten muss der Verstorbene eine große, alles entscheidende Prüfung bestehen. Der Totengott Anubis bringt den Toten zum Gericht, wo die Götter ihn schon erwarten. Streng, ernst, unbestechlich befragen sie den Toten über sein Leben. Alles wollen sie wissen, einfach alles. Auf diesen Augenblick muss sich der Tote schon zu Lebzeiten vorbereiten. Im Ägyptischen Totenbuch stehen viele magische Sprüche, die er dann auswendig vortragen sollte.

Nach der Befragung wiegt Anubis das Herz des Toten und wehe, er hat gelogen! Dann kommt ein reißendes Ungeheuer und verschlingt sein Herz. Dann ist alles aus und vorbei. Hat er aber die Wahrheit gesagt und ein den Göttern gefälliges Leben geführt, dann gelangt er zu Osiris, dem Gott der Toten und der Wiedergeburt, dem seine Frau Isis zur Seite steht. Der Tote kann nun auf ewig im Totenreich weiterleben, in dem es viel schöner ist als im Diesseits. Allerdings gibt es im Jenseits auch harte Arbeiten zu verrichten, bei-

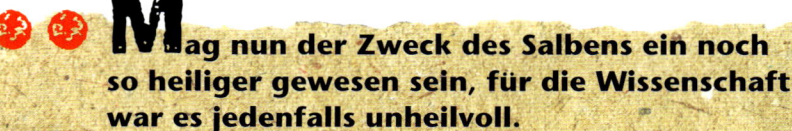

Mag nun der Zweck des Salbens ein noch so heiliger gewesen sein, für die Wissenschaft war es jedenfalls unheilvoll.

Howard Carter

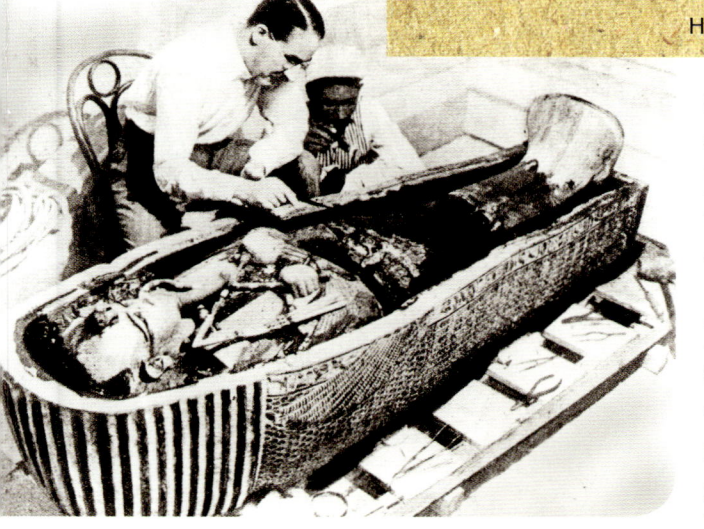

spielsweise Feldarbeit. Damit dem Pharao dies erspart blieb, bekam Tutanchamun für jeden Tag des Jahres eine Dienerfigur mit ins Grab, die die harte Arbeit übernehmen sollten. Diese Figuren entdeckt Howard Carter in der Schatzkammer.

32 Jahrhunderte nach der Bestattung und drei Jahre nach dem Fund der ersten Treppenstufe, die zum Grab führt, macht sich das Team um Howard Carter daran, die Mumie zu untersuchen. Während der Königstotenfeier war der Leichnam mit geweihtem Öl übergossen und mit kostbaren Salben gesalbt worden. Dieser Brauch bereitet Carter nun größte Probleme. Ohne ihn wäre die Mumie in ihrem panzerartigen Goldsarg in dem Zustand erhalten geblieben wie am Tag der Beisetzung, doch so ist sie in einer katastrophal schlechten Verfassung, größtenteils schwarz, wie verkohlt. Chemische Reaktionen führten dazu. Wegen des Öls und der Salben klebt die Mumie wie verkleistert am Sarg fest. Wie kriegt man den Körper nur einigermaßen unversehrt heraus?

25 Grabungsarbeiter schleppen den Pharao schließlich im offenen Sarg nach draußen, wo es 65 Grad heiß ist. Aber auch die ägyptische Sonne kann die verhärteten Salböle nicht aufweichen. Carter ist kurz davor, Hammer und Meißel in die Hand zu nehmen.

Vier Tage braucht es, um die Mumie aus dem Sarg zu holen. Die Totenmaske wird mit erhitzten Messern abgelöst. Die Stoffhüllen und Bandagen können nicht gerettet werden – das wäre bei dem brüchigen Stoff unmöglich gewesen. Douglas Derry, Professor für Anatomie an der ägyptischen Universität, schneidet sie behutsam auf. Zwischen den Bandagen kommt Schmuckstück um Schmuckstück zutage. Ein prachtvolles Diadem, Ketten, Armreifen, Fußreifen, ein Dolch in einer goldenen Scheide, zahlreiche Ringe. Jeder einzelne Finger, jeder einzelne Zeh steckt in einer goldenen Hülse. Mehr als 150 wertvolle Teile findet Carter zwischen den Bandagen. Und dann ist der große Moment gekommen. Sie entfernen das letzte Leintuch, dasjenige, das den Kopf verhüllt.

Dienerfiguren

Für jeden Tag, den das Jahr hat, gab es im Grab mindestens eine Dienerfigur, so genannte Uschebti. Sie waren aus unterschiedlichen Materialien gefertigt: aus Keramik, Alabaster, Sandstein, Granit und Holz. Sie sahen wie Tutanchamun aus, denn sie sollten bei unangenehmen Aufgaben als seine Stellvertreter wirken. Falls Tutanchamun im Jenseits zu ermüdender Arbeit gerufen werden sollte, war es ihre Pflicht, hervorzutreten und „Hier bin ich" zu sagen. Carter fand 1866 Werkzeuge, die ihnen für die Arbeit zur Verfügung standen: Hacke, Spaten, Sichel, Körbe, Harken und vieles andere.

Eje und Haremhab

Weil Tutanchamun zur Thronbesteigung noch ein Kind war, wurden alle Entscheidungen von seinem obersten Minister Eje und von dem Heerführer Haremhab getroffen. Eje hatte schon Echnaton beraten. Er war bereits ein alter Mann, als Tutanchamun starb. Durch die Heirat mit Tutanchamuns Witwe bekam er Anspruch auf den Thron und wurde der neue Pharao. Er war aber schon zu alt, um die Zügel fest in der Hand zu halten. Als Eje starb, riss Tutanchamuns zweiter Berater, der Heerführer Haremhab, die Macht an sich. Er griff hart durch und sorgte für Ruhe und Ordnung im Land. 28 Jahre lang regierte er.

Schon bei der leisen Berührung mit einem Pinsel zerfallen die Überreste des morschen Gewebes und enthüllen das friedvolle, sanfte Gesicht eines jungen Mannes. Edel und vornehm wirkt es auf Carter, gut geschnitten, mit scharf gezeichneten Lippen. Um den Hals des Königs liegen 20 Amulette, die ihn auf seiner gefahrvollen Reise ins Totenreich schützen sollen.

Der Pharao ist jung gestorben, er wurde nur 18 oder 19 Jahre alt. Als man die Mumie 1968 röntgt, entdeckt man eine schwere Kopfverletzung, die von einem brutalen Schlag herrühren könnte. So wird das Ganze auf einmal zum Kriminalfall: Sehr gut möglich, dass Tutanchamun ermordet wurde. Und als Täter käme eigentlich nur einer in Frage: sein Minister Eje! Eje, der ihm bei der Mundöffnungszeremonie am Eingang des Grabes die Sinne öffnete. Eje, der während der neun Jahre, in denen Tutanchamun auf dem Thron saß, sämtliche Entscheidungen traf, weil Tutanchamun ja noch ein Kind war. Eje, der es schaffte – und das ist wirklich außergewöhnlich –, ohne jeglichen Anspruch auf den Thron zum Nachfolger Tutanchamuns zu werden. Eje, der alte, faltige Minister, der sogar noch die junge

Die Priester schoben zwischen die Leinenbinden nach und nach immer mehr Schmuckstücke, darunter zahlreiche Amulette mit magischen Hieroglyphen. Auf Taillenhöhe befand sich ein Gürtel mit einem Dolch mit Goldklinge.

In solchen Augenblicken versagt die Sprache, tausend Gefühle bestimmen den ehrfürchtigen Forscher und Menschen. Doch der Archäologe hat seine Gefühle zu unterdrücken, er hat nur zu forschen.

Howard Carter

Bei der Untersuchung Tutanchamuns im Computertomographen traten spannende neue Befunde zutage.

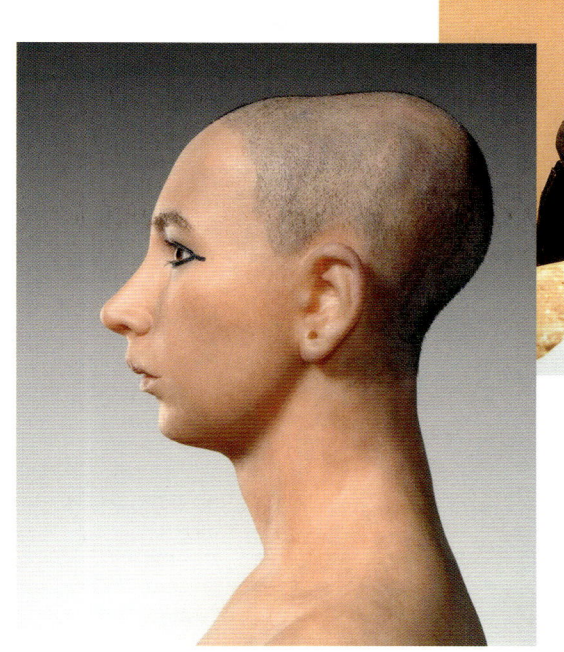

Die Gerichtsmediziner sind sich sicher: So sah der Pharao zu Lebzeiten aus.

❓ Nachbildung des Kopfes

2005 wurde die Mumie von Tutanchamun im Computertomographen gescannt. Bei diesem Verfahren erhält man Röntgenbilder in Schichtaufnahmen. 1 700 Bilder wurden erstellt, die ein Rechner dreidimensional zusammenfügte. Mithilfe dieser Bilder konnten Spezialisten recht genau rekonstruieren, wie Tutanchamun zu Lebzeiten ausgesehen hat.

Witwe des 18-jährigen Pharao heiratete, womöglich gegen deren Willen.

Richtig handfeste Beweise für diesen Mord gibt es aber keine. Es ist nur eine Möglichkeit. Eine spannende. So spannend, dass es auch heute noch Wissenschaftler gibt, denen die Frage keine Ruhe lässt. Im Jahr 2005 untersuchte ein Team aus Ärzten, darunter auch Gerichtsmediziner, die Mumie des berühmten Pharao aufs Neue. Der Job von Gerichtsmedizinern ist es, herauszufinden, ob Menschen auf natürliche Weise gestorben sind oder ob sie Opfer von Gewaltverbrechen wurden. Am Ende der Untersuchung haben sie allerdings mehr Fragen als Antworten zum Tod des Pharao.

Tutanchamun hat ein gebrochenes Bein. Entstand der Bruch über seinem linken Knie, als Carter die Mumie aus dem Sarg holte? Oder zog sich Tutanchamun bereits zu Lebzeiten diese Verletzung zu und starb als Folge dieses Unfalls durch eine Infektion?

Führte die Kopfverletzung wirklich zum Tod? Heutige Forscher glauben eher, dass der Schädel erst nach dem Tod des Pharao verletzt wurde, etwa bei der Einbalsamierung.

Die Ärzte stellten fest, dass Tutanchamun das Brustbein fehlt. Die Einbalsamierer entfernten den größten Teil der Rippenbögen. Warum? War der Brustkorb zertrümmert? Wurde der Pharao vielleicht im Kampf verwundet? Zu seinen Aufgaben gehörte es, seine Truppen in die Schlacht zu führen.

Was das Leben des jungen, kerngesunden, Mannes beendete – es bleibt rätselhaft. Vielleicht wird es eines Tages doch noch gelöst.

Das Ende der Arbeiten

▶ ▶ ▶ Die Schatzkammer ist das letzte große Geheimnis der Gruft. Vor dreieinhalb Jahren hat Howard Carter sie zum ersten Mal betreten und sich von den Göttinnen des Kanopenschreins verzaubern lassen. Nun kann er sich endlich dieser Kammer und ihren Kunstwerken widmen. Carter hatte den Eingang mit Brettern zunageln lassen, um zu verhindern, dass die kostbaren Gegenstände ihn von der Arbeit ablenken würden. Am 24. Oktober 1926 wird die Brettersperre entfernt. Unglaublich schöne Dinge befinden sich im Raum. Der Kanopenschrein ist wahrscheinlich das wichtigste Stück. Aber es gibt mehr, viel mehr: über 500 wertvolle Objekte.

Die Schatzkammer war nicht so überfüllt wie die anderen Kammern, doch jeder einzelne Gegenstand war überaus wertvoll. Über allen Schätzen thront die majestätische Statue des Totengottes Anubis, dargestellt als Schakal.

Schlichte Fischerboote und Prunkbarken, auf denen ein vergoldeter Thron steht, schnelle Boote für die Jagd auf Flusspferde und Enten und Boote, mit denen der tote König würdevoll über die Flüsse der Unterwelt segeln kann – für jeden Verwendungszweck gab es ein anderes Modell.

Kästen aus Elfenbein, aus Gold, aus reich verziertem Holz. Auch verschlossene Truhen stehen in diesem Raum, mit großem Aufwand hergestellt. Eine Truhe wurde mit Einlegearbeiten geschmückt, die sich aus 45 000 einzelnen Stücken zusammensetzen. Sie enthalten wertvollen Schmuck, das Zepter des Königs, sein Schreibzeug, seinen Spiegel, Statuen von Göttern und vieles mehr. Man kann gar nicht alles aufzählen, was Carter Tag für Tag aus den Kästen und Kisten hervorzaubert.

Staunend steht der Ausgräber vor Schiffsmodellen, vollständig mit Segel und Tauwerk versehen, Boote für Himmelsfahrten im Jenseits, alle mit dem Bug nach Westen ausgerichtet. Insgesamt 35 verschiedene Modelle fand man im Grab. Sie sollten den Pharao unabhängig von den himmlischen Fährleuten machen. Manche waren für die Kanäle der Unterwelt bestimmt, mit wieder anderen konnte der Pharao der Sonne auf ihrer Reise folgen. Manche Boote erinnern an venezianische Gondeln. Eines der Schiffe ist aus Schilf gefertigt.

Der Pharao hat in seinem Leben keinen Mangel erfahren. Jeder Wunsch wurde ihm von den Augen abgelesen, er war nur von schönen Dingen umgeben und wurde wie ein Gott verehrt. Darüber kann man leicht vergessen, dass er ein Mensch war und dass es im Leben eines jeden Menschen auch Kummer und Schmerz gibt, über die auch der größte Reichtum nicht hinwegtrösten kann. Carter erfährt in der Schatzkammer von zwei tragischen Geschehnissen in Tutanchamuns Leben: In einem schwarzen Kasten findet er

Der Pharao

Der Pharao wurde im Alten Ägypten als lebender Gott verehrt. Er lebte in ungeheurem Luxus, hatte aber auch eine große Verantwortung und viele Aufgaben zu erfüllen. Er war Führer des Heeres, erließ alle Gesetze, setzte die Steuern fest und musste das Reich, die „beiden Länder" Unter- und Oberägypten, zusammenhalten. Vor allem jedoch hatte er religiöse Pflichten zu erfüllen: Seine göttliche Bestimmung war es, die jährlichen Nilfluten herbeizurufen, den Göttern zu opfern und religiöse Bauwerke zu errichten.

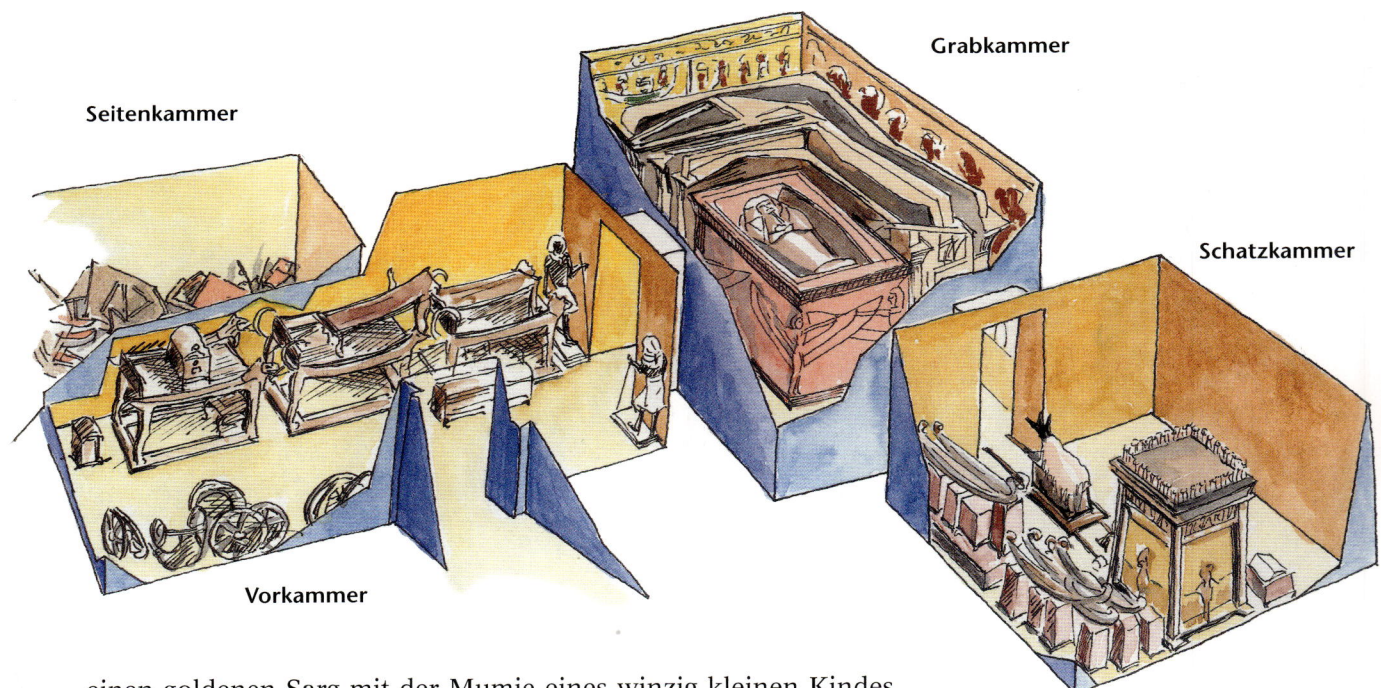

Seitenkammer

Grabkammer

Schatzkammer

Vorkammer

einen goldenen Sarg mit der Mumie eines winzig kleinen Kindes. Ein kleines Mädchen, das viel zu früh geboren wurde und daher tot auf die Welt kam. In einem zweiten Sarg liegt eine weitere Totgeburt, auch ein Mädchen. Beides sind die verstorbenen Töchter von Tutanchamun und Anchesenamun. Der König hinterließ keine Kinder. Und das galt im Alten Ägypten als großes Unglück. Die Pflicht von Kindern war es, die Erinnerung an die Eltern auch nach deren Tod lebendig zu halten. Ein Mensch lebte so lange weiter, wie man sich an seinen Namen erinnerte.

Ein Jahr nach diesen Entdeckungen beginnen die Arbeiten in der Seitenkammer. 2000 Objekte gilt es hier zu bergen, zu identifizieren und schließlich zu restaurieren. Diese Kammer ähnelt seit dem Eindringen der Diebe eher einer Rumpelkammer, über die ein Wirbelsturm hinweggefegt war, als einer Vorrats- und Waffenkammer, was eigentlich die Funktion der Seitenkammer ist. Die Archäologen errichten unter größeren Gegenständen Stützen, um zu verhindern, dass alles durcheinanderpurzelt, wenn sie etwas anheben. Manchmal müssen sie sich sogar an Seilen von der Decke herablassen, um das eine oder andere zerbrechliche oder unzugängliche Objekt zu erreichen. Und auch hier hält Carter sich gewissenhaft an die Vorgabe, alle Gegenstände so, wie er sie vorfindet, zunächst zu fotografieren, zu nummerieren und dann ihre genaue Lage aufzuzeichnen.

Tutanchamuns Grab hatte vergleichsweise bescheidene Ausmaße und glich eher einer privaten Ruhestätte als einem Pharaonengrab. Andere Könige ließen sich Gräber bauen, die mehr als 100 Meter in den Fels hineinführten.

❓ Senet-Spiel

Das Senet-Spiel ist ein Spiel für zwei Personen, das auf einem Spielfeld mit 30 Feldern gespielt wird. Ein Spieler spielt mit trommelförmigen Figuren, der andere mit Scheiben. Alle Spielfiguren werden auf das Spielbrett gestellt. Ein Knochenwürfel entscheidet, ob ein Spieler mit seinen Figuren in Richtung von Glückssymbolen oder auf Pechfelder vorrückt. Sieger ist derjenige, der zuerst alle seine Figuren vom Brett bewegt hat. Das Senet-Spiel war im Alten Ägypten äußerst beliebt, es findet sich auch in vielen Grabmalereien wieder. Auf diesen Bildern spielt der Tote es mit einem Gott. Wenn der Tote gewinnt, bekommt er als Preis die Unsterblichkeit.

Die alten Ägypter müssen eine unglaubliche Angst davor gehabt haben, dass es im Jenseits nicht genug zu essen geben könnte. Sie versorgten ihren toten König mit reichlich Nahrungsmitteln. 116 Körbe mit Lebensmitteln finden sich allein in der Seitenkammer. Lauter Köstlichkeiten! Verschiedene Arten von Kuchen, mit und ohne Früchte. Viel Fleisch: Rind-, Geflügel- und ganz besonders viel Gänsefleisch. Große Mengen Getreide, vor allem Gerste. Dazu noch Obst und Gemüse: Erbsen, Kichererbsen, Zwiebeln, Linsen, Datteln, Nüsse, Rosinen, Feigen, Mandeln, Kürbiskerne. Und 30 Krüge mit Wein. Im Grab finden sich auch Brauereigeräte zum Bierbrauen. Natürlich enthält die Seitenkammer auch ausreichend Geschirr – Karaffen, Töpfe, Teller, Schüsseln – oder Dinge für den Zeitvertreib, Musikinstrumente beispielsweise und verschiedene Brettspiele. Das im Alten Ägypten so beliebte Senet-Spiel nahm Tutanchamun gleich in mehreren wunderschön gearbeiteten Ausführungen mit auf seine letzte Reise.

Insgesamt zehn Jahre arbeitet das Team um Howard Carter im Tal der Könige, bis im Frühjahr 1932 auch das letzte Objekt aus dem Schatz des Tutanchamun sorgsam verpackt im Museum von Kairo angekommen ist. Etwa 5 000 Objekte machen die lange Reise aus dem Grab ins Labor, von da per Eisenbahn auf eigens für diesen Zweck durchs Tal verlegten Schienen zum Nil und auf einem Schiff weiter nach Kairo. Im Museum befassen sich viele Ägyptologen mit der wissenschaftlichen Auswertung des Fundes. Sie dauert bis heute an. Ein Ende ist nicht abzusehen.

Howard Carter hat sich bei der Arbeit nie geschont. Bei seiner Ausgräbertätigkeit ist er Tag für Tag an die Grenzen seiner körper-

Königin Nefertari beim Senet-Spiel. Ähnlich wie beim Mensch-ärgere-dich-nicht kann man auf bestimmten Feldern hinausgeworfen werden und ist auf anderen sicher.

lichen und geistigen Leistungsfähigkeit gegangen und oft darüber hinaus. Als er 1932 nach England zurückkehrt, ist der inzwischen 58-Jährige ein kranker Mann. Er zieht sich in sein Haus in London zurück. Die Welt hat ihn schnell vergessen. Als er am 2. März 1939, sieben Jahre nach Beendigung der Arbeiten, im Alter von 65 Jahren stirbt, vermeldet die *Times*, die jahrelang in großen Schlagzeilen über seine Entdeckungen berichtet hatte, seinen Tod gerade mal auf Seite 16 mit einer kleinen Notiz. Der Mann, durch den wir heute wissen, mit welcher Sorgfalt und Ehrfurcht, mit wie viel Liebe zum Detail und mit was für Reichtümern die alten Ägypter ihre Pharaonen begruben, hatte selbst eine sehr bescheidene Beerdigung. Nur wenige Menschen machten sich die Mühe, ihn auf seinem letzten Weg zu begleiten. Ein einfacher Grabstein, auf dem „Archäologe und Ägyptologe" unter seinem Namen steht – das ist alles, was an ihn erinnert.

Für die Geschichte Ägyptens ist der Kindkönig Tutanchamun eher bedeutungslos. Doch für die Archäologie spielt er eine alles andere in den Schatten stellende Rolle. Durch sein Grab können wir uns ganz genau vorstellen, wie die Menschen früher gelebt haben: woran sie glaubten, was sie aßen, wie sie sich kleideten und wie sie gerne ihre Zeit verbrachten. Wir wissen, mit wieviel Liebe und Sorgfalt sie ihre Toten bestatteten und wie wichtig es für sie war, dass die Ruhe der Toten nicht gestört wurde. Man könnte annehmen, das viele Gold, das man beim Pharao fand, sei das Wichtigste an Carters Fund. Aber der eigentliche Schatz ist, dass Ausgräber wie Howard Carter oder Edgar Pusch für uns ein Fenster öffnen, durch das wir in die Vergangenheit schauen können. Dabei ist es ohne wirkliche Bedeutung, ob sie Tonnen von wertvollen Kunstwerken und Gold oder Dinge finden, für die man kaum Geld bezahlen würde, wie für die meisten Scherben von Dr. Pusch. Die Hauptsache ist,

Gewissenhaft beaufsichtigt Howard Carter den Abtransport jedes einzelnen wertvollen Stückes persönlich. Als die Arbeit an Tutanchamuns Grab beendet war, zog er sich von der Welt zurück.

> ### Neues Grab im Tal der Könige
>
> Im Tal der Könige ist im April 2006 erstmals seit mehr als 80 Jahren ein Grab aus der Zeit der Pharaonen entdeckt worden. Amerikanische Archäologen sind durch Zufall darauf gestoßen. Es enthält fünf Holzsarkophage aus der Zeit der 18. Dynastie – die Zeit, in der auch Tutanchamun lebte – und liegt nahe des Grabmals von Tutanchamun. Ein Pharao ist hier nicht bestattet worden, sondern vermutlich Angehörige des Königshofes. Das Grab bekam die Nummer KV63.

es gelingt ihnen, das Fenster zur Vergangenheit weit aufzumachen. Wir schauen dann durch das Fenster und sehen auf die Menschen, die vor uns gelebt haben. Und wie auf einer Zeitreise können wir ihnen für einen winzigen Moment ganz nahe sein.

Der Höhepunkt unserer Erlebnisse war der Augenblick, in dem sich die letzten zerstäubenden Binden lösten und das Antlitz des jungen Pharao enthüllten. Ein jugendlicher Herrscher, nur kurze Zeit auf dem Thron, tauchte nach dreitausendjähriger Vergessenheit empor zur Welt der Wirklichkeit.
Howard Carter

Die Zeitrechnung der Ägypter wird nach Regierungsjahren einzelner Herrscher festgesetzt. Diese Regierungsjahre werden nach Familien (Dynastien) gegliedert, wobei die Dynastien selbst wieder zu Epochen gebündelt werden. Jahresangaben sowie Zuordnungen der Dynastien zu den einzelnen Epochen variieren in der Literatur und können von dieser Darstellung abweichen.

 **Chronik**

Vorgeschichte
Bis um 3000 v. Chr.

Um 5000 v. Chr. werden die Menschen am Nil sesshaft und beginnen Ackerbau und Viehzucht zu betreiben. Die Toten werden bestattet, indem man sie in Tierhäute oder Matten einhüllt und in den Sand der Wüste beisetzt. Die Körper werden auf diese Weise zu natürlichen Mumien verwandelt. Gegen Ende der Vorgeschichte entstehen die ersten Schriftzeugnisse.

Frühzeit
1. und 2. Dynastie, um 3000 v. Chr. bis um 2650 v. Chr.

König Aha regiert als erster Pharao eines geeinten Ägypten und gründet die Stadt Memphis bei Kairo.

Altes Reich
3. bis 6. Dynastie, um 2650 v. Chr. bis um 2160 v. Chr.

Ägypten erlebt eine erste Blütezeit. Der König wird als Sohn des Sonnengottes Re schon zu Lebzeiten als Gott verehrt. Es gibt einen großen Beamtenapparat, und Priester verfügen über großen Einfluss.
3. Dynastie
Die Stufenpyramide bei Sakkara wird gebaut. Die Staatsverwaltung wird ausgebaut und der Kalender eingeführt.
4. Dynastie
Die Pyramiden in Giseh und die Sphinx entstehen. Zum ersten Mal werden Verstorbene mumifiziert. In Königsgräbern werden Kanopengefäße verwendet.
5. Dynastie
Der Kult um den Sonnengott Re erlebt einen Höhepunkt.

6. Dynastie
Die Zentralregierung wird aufgelöst. Die Pyramiden und Gräber von Giseh und Sakkara werden geplündert.

Erste Zwischenzeit, um 2160 v. Chr. bis um 2040 v. Chr.
7. bis 10. Dynastie
Kämpfe um den Thron führen zu politischen Wirren.

Mittleres Reich, um 2040 v. Chr. bis um 1785 v. Chr.
11. und 12. Dynastie
Ägypten gelangt zu einer neuen Blütezeit und vergrößert in wenigen Feldzügen das Reich. Der König residiert in Memphis, Theben ist das religiöse Zentrum. Große Tempelanlagen, reich ausgestattete Felsengräber, kleinere Pyramiden und Kolossalstatuen entstehen. Theologie, Astronomie, Mathematik und Medizin werden intensiv betrieben.

Zweite Zwischenzeit, um 1780 v. Chr. bis um 1550 v. Chr.
13. bis 17. Dynastie
Das Reich zerfällt in verschiedene kleine Königreiche. Ab 1650 v. Chr. unterliegt Unterägypten der Fremdherrschaft durch das aus Vorderasien stammende Volk der Hyksos. Aus Asien werden Pferd und Wagen eingeführt.

Neues Reich, um 1550 v. Chr. bis um 1070 v. Chr.
18. Dynastie
Theben steigt auf, und das Reich dehnt sich zum Euphrat aus. Tempelbauten in Luxor und Karnak sowie die Felsgräber im Tal der Könige entstehen. Unter Königin Hatschepsut und unter König Thutmosis III. kommt es zur größten Machtentfaltung. Amenophis IV. führt bedeutende Reformen in der Religion und der Kunst durch. Als einzige Gottheit verehrt er die Strahlensonne Aton und nennt sich nach ihr Echnaton. Unter Tutanchamun, der wahrscheinlich sein Sohn war, findet eine Rückkehr zu alten Verhältnissen statt. Die Technik der Mumifizierung erreicht ihren Höhepunkt.
19. Dynastie
Besonders unter Ramses II. entstehen gewaltige Bauten, wie z. B. der Felsentem-

pel in Abu Simbel. In Gräbern wird zunehmend die Unterwelt dargestellt.
20. Dynastie
Ägypten wird durch Seevölker bedroht, es kommt zu wirtschaftlichen Problemen. Erstmals werden Prozesse gegen Grabräuber geführt. Das Königtum wird durch Unruhen und Erstarken der Priesterschaft massiv geschwächt.

Dritte Zwischenzeit, um 1070 bis um 712
21. bis 24. Dynastie
Bedeutendster Herrscher ist Psusennes I., später wird man sein ungeplündertes Grab in Tanis entdecken. Ägypten wird in ein Nord- und in ein Südreich geteilt.

Spätzeit, um 712 bis 332
25. bis 31. Dynastie
Ägypten wird persische Provinz, doch die Ägypter dürfen ihre Kulte frei ausüben. Im Jahr 333 v. Chr. siegt Alexander der Große bei Issos über Darius III., so dass nun ein Makedonier über Ägypten herrscht.

Ptolemäerzeit
332 v. Chr. bis 30 v. Chr.
Alexander der Große gründet die Stadt Alexandria. Nach seinem Tod wird Ptolemäus Statthalter von Ägypten. Er gründet eine Dynastie, die unter Kleopatra VII. ihren Höhepunkt findet.

Römisches Kaiserreich
30 v. Chr. bis 395 n. Chr.
Oktavian, der spätere Kaiser Augustus, siegt über Kleopatra VII. und Marcus Antonius. Ägypten wird römische Provinz. In einigen Regionen werden Mumienporträts und Stuckmasken statt traditioneller Mumienmasken verwendet.

Frühchristliche Zeit
395 n. Chr. bis 535 n. Chr.
Unter oströmischer Herrschaft verbreitet sich das Christentum, während die ägyptische Kultur allmählich untergeht. Vertreter des Christentums lehnen die Mumifizierung als heidnisch ab. 535 n. Chr. werden letzte altägyptische Kultstätten geschlossen.
639–641
Araber erobern Ägypten.

Die Entdeckungsgeschichte des Alten Ägypten

Mitte des 5. Jhs. v. Chr. Der griechische Geschichtsschreiber Herodot bereist Ägypten, würdigt die hochentwickelte alte Kultur des Landes und erstellt umfangreiche Reiseberichte.

16. und 17. Jh. Gelehrte versuchen erfolglos, die Hieroglyphen zu entziffern. Diese Zeichen finden Forscher vor allem auf nach Rom verschleppten Obelisken.

1798 bis 1801 Unter Napoleon begibt sich ein Heer sowie eine Kommission aus 167 Gelehrten nach Ägypten. Unter diesem Gelehrtenteam entsteht die *Description de l´Égypte,* ein Werk, das äußerst umfangreich kulturelle Besonderheiten des Landes darstellt.

1799 Im Rahmen der französischen Expedition wird der Stein von Rosette entdeckt. Der Stein wird auf das Jahr 196 v. Chr. datiert. In ihn ist ein einziger Text in drei verschiedenen Schriften eingemeißelt (Demotisch, Griechisch, Hieroglyphen). Anhand dieses Steins gelingt es später, die Hieroglyphen zu entschlüsseln. Er ist heute im Britischen Museum, London, zu sehen.

1822 Jean François Champollion gibt bekannt, dass er die Hieroglyphen entschlüsselt hat. Das Sprachgenie beherrschte u.a. Arabisch, Persisch, Sanskrit und Koptisch, die Sprache des christlichen Ägypten. Dank Champollions Leistung gelingt es, Texte der alten Ägypter zu verstehen und Einblick in ihr Denken und ihre Religion zu gewinnen.

1842 Karl Richard Lepsius wird als erster Professor der Ägyptologie an die Universität Berlin berufen. Fundstücke einer von ihm geleiteten Expedition werden neben anderen Objekten den Grundstock des Berliner Ägyptischen Museums bilden. Ägyptische Altertümer werden so begehrt, dass es in Ägypten zu enormen Plünderungen und Zerstörungen kommt.

Ab 1850 Auguste Mariette arbeitet in Ägypten an zahlreichen Ausgrabungsstätten, gibt der Ausgrabungstätigkeit eine wissenschaftliche Basis. Unter anderem entdeckt er in Sakkara das Serapeum, eine unterirdische Grabstätte. Der Grabschatz des Serapeums wird eine der größten Sehenswürdigkeiten der ägyptischen Sammlung des Louvre, Paris.

1881 Der französische Ägyptologe Gaston Maspero wird Mitentdecker der ersten Pyramidentexte und leistet wichtige Hilfe bei der Entdeckung der Königsgräber in Deir el-Bahari.

1912 In Giseh wird die Büste Nofretetes gefunden.

1922 Howard Carter entdeckt das Grab Tutanchamuns. Die Begeisterung für Ägypten wird so groß, dass Architektur und Mode Stilelemente Ägyptens übernehmen.

Ab 1960 Zahlreiche Tempel, u.a. die Anlage von Abu Simbel, werden in höhere Lagen versetzt, da sie durch aufgestautes Wasser des neu erbauten Assuan-Staudamms gefährdet sind. Nicht alle Tempel können gerettet werden.

Ab Mitte der 90er-Jahre
In der Bucht vor Alexandria entdecken Unterwasserarchäologen Reste der im Meer versunkenen antiken Stadt Alexandria, u.a. den mutmaßlichen Palast Kleopatras VII.

September 2002 Fernsehzuschauer aus mehr als 100 Ländern sind live dabei, als in der Cheops-Pyramide ein Roboter, ausgestattet mit einer Kamera, im Schacht der Königinnenkammer die abschließende Steinplatte bearbeitet. Sichtbar wird ein kleiner Raum mit einer weiteren Tür: Eine Geheimkammer um einen heiligen Raum?

Frühjahr 2006 84 Jahre nach der Entdeckung des Grabs von Tutanchamun wird in unmittelbarer Nähe ein neues Grab gefunden.

Buchtipps

Sehen – Staunen – Wissen: Mumien, Gerstenberg Verlag, Hildesheim 2005
Sehen – Staunen – Wissen: Das Alte Ägypten, Gerstenberg Verlag, Hildesheim 2004
Sehen – Staunen – Wissen: Archäologie, Gerstenberg Verlag, Hildesheim 2005
Geschichte erleben: Tutanchamun, Gerstenberg Verlag, Hildesheim 1999

Viviane Koenig: *Das Leben der Kinder im alten Ägypten. Weltgeschichte für junge Leser,* Knesebeck, München 2006
Christian Jacq: *Die Braut des Nil,* Gerstenberg Verlag, Hildesheim 2005

Filmtipps

Ägypten – Erbe der Pharaonen.
2003. DVD
Dokumentation über das Alte Ägypten mit Schwerpunkt auf Tutanchamuns Grab

Tod am Nil – Wie starb Tutanchamun? 2005. DVD
Dokumentation über den „Mordfall" Tutanchamun

Museen

Ägyptisches Museum Bonn
Regina-Pacis-Weg 7
53113 Bonn
Objekte aus dem pharaonischen Ägypten

Roemer- und Pelizaeus-Museum
Am Steine 1-2
31134 Hildesheim
5000 Jahre Geschichte und Kultur des Pharaonenreiches

Ägyptisches Museum
Bodestraße 1-3
10178 Berlin
Eine der bedeutendsten Sammlungen ägyptischer Hochkultur mit der berühmten Büste der Königin Nofretete

Links

• www.blinde-kuh.de/egypten/
Kinder-Suchmaschine mit eigenen Seiten zu Ägypten allgemein, Tutanchamun, Senet-Spiel
• www.mein-altaegypten.de/start.html
• www.rpmuseum.de/de/start/rpm.html
Seite vom Museum in Hildesheim
• www.hieroglyphen.de/
Alles über Hieroglyphen

Register

Bildnachweis

akg-images Berlin: S. 6mr, 8, 12ur, 34, 46, 51 und Umschlag vorn mr/Electa: S. 49/Werner Forman: S. 4–5/François Guénet: S. 11ul und Umschlag hinten m, 36–37u, 55/Andrea Jemolo: S. 20, 22, 43, 47 und Umschlag vorn o/Erich Lessing: Umschlag vorn ul, S. 12ol, 50, 62/Dr. E. Strouhal: S. 36o, 48 und Buchrücken, 57; Bettmann/CORBIS: S. 13; Bridgeman Art Library: S. 2, 14o, 14–15u, 16, 17, 19, 21, 33, 38, 58–59 und Umschlag hinten l © Grabung Ramses-Stadt/Foto: Axel Krause: Umschlag hinten r, S. 7ml, 24, 25ml, 25or, 27ml, 27ur, 28, 30ol, 30or, 31, 40–41m, 41o, 42ol, 42mr/ Foto: Kerstin Parlow: S. 29; © Griffith Institute, Oxford: S. 23ol, 23or, 45, 52, 54; Jauch und Scheikowski: S. 39; picture-alliance/Bildagentur Huber: S. 26o/dpa-Bildarchiv: S. 53ol, 53or/KPA/Andrea Francolini: S. 7

Quellennachweis

Howard Carter und A.C. Mace: *Tut-Anch-Amun. Ein ägyptisches Königsgrab.* Brockhaus, Leipzig 1924. Howard Carter: *Das Grab des Tut-Ench-Amun.* F.A. Brockhaus, Leipzig 1950. (c) Bibliographisches Institut & F.A. Brockhaus, Mannheim; Philipp Vandenberg: *Der vergessene Pharao.* (c) Verlagsgruppe Lübbe GmbH & Co. KG, Bergisch Gladbach. Leider war es uns nicht in allen Fällen möglich, die Rechteinhaber ausfindig zu machen; alle Ansprüche bleiben gewahrt.